Wege durch den Informationsdschungel

Myriam Schlag

Wege durch den Informationsdschungel

Psychologische Faktoren erkennen und bewerten

Myriam Schlag
https://link.springer.com/
Deutschland

ISBN 978-3-658-40329-4   ISBN 978-3-658-40330-0 (eBook)
https://doi.org/10.1007/978-3-658-40330-0

Die Deutsche Nationalbibliothek verzeichnet diese Publikation in der Deutschen Nationalbibliografie; detaillierte bibliografische Daten sind im Internet über http://dnb.d-nb.de abrufbar.

© Der/die Herausgeber bzw. der/die Autor(en), exklusiv lizenziert an Springer Fachmedien Wiesbaden GmbH, ein Teil von Springer Nature 2023
Das Werk einschließlich aller seiner Teile ist urheberrechtlich geschützt. Jede Verwertung, die nicht ausdrücklich vom Urheberrechtsgesetz zugelassen ist, bedarf der vorherigen Zustimmung des Verlags. Das gilt insbesondere für Vervielfältigungen, Bearbeitungen, Übersetzungen, Mikroverfilmungen und die Einspeicherung und Verarbeitung in elektronischen Systemen.
Die Wiedergabe von allgemein beschreibenden Bezeichnungen, Marken, Unternehmensnamen etc. in diesem Werk bedeutet nicht, dass diese frei durch jedermann benutzt werden dürfen. Die Berechtigung zur Benutzung unterliegt, auch ohne gesonderten Hinweis hierzu, den Regeln des Markenrechts. Die Rechte des jeweiligen Zeicheninhabers sind zu beachten.
Der Verlag, die Autoren und die Herausgeber gehen davon aus, dass die Angaben und Informationen in diesem Werk zum Zeitpunkt der Veröffentlichung vollständig und korrekt sind. Weder der Verlag, noch die Autoren oder die Herausgeber übernehmen, ausdrücklich oder implizit, Gewähr für den Inhalt des Werkes, etwaige Fehler oder Äußerungen. Der Verlag bleibt im Hinblick auf geografische Zuordnungen und Gebietsbezeichnungen in veröffentlichten Karten und Institutionsadressen neutral.

Einbandabbildung: © tawatchai07/freepik

Planung/Lektorat: Lisa Bender
Springer ist ein Imprint der eingetragenen Gesellschaft Springer Fachmedien Wiesbaden GmbH und ist ein Teil von Springer Nature.
Die Anschrift der Gesellschaft ist: Abraham-Lincoln-Str. 46, 65189 Wiesbaden, Germany

Vorwort

Liebe Leser*innen,

ich begrüße Sie herzlich zu unserer Tour durch den Informationsdschungel. Ich bin Ihr Guide und darf Sie auf dieser Tour begleiten. Egal, ob Sie einen bestimmten Grund haben, an dieser Tour teilzunehmen, oder ob Sie das Thema einfach nur interessant finden, freue ich mich, dass Sie hier dabei sind. Unsere Tour wird Sie nicht nur mit Wissen, sondern auch mit praktischen Beispielen und Tipps versorgen, damit Sie auch zukünftig besser durch den Informationsdschungel finden.

Auf dieser Tour lernen Sie, wie Sie Inhalte aus verschiedenen Texten und Darstellungsformen zusammenführen können. Dazu erhalten Sie auch wissenschaftliche Erkenntnisse aus der Psychologie. Es kann dabei immer mal wieder vorkommen, dass Sie Themen oder Tipps aus unserer Tour bereits kennen oder anwenden. Bleiben Sie bitte dennoch aufmerksam und lesen Sie weiter.

Manchmal verstecken sich hinter einem Blatt doch noch neue und interessante Details.

Legen Sie während der Tour regelmäßig Pausen ein. Erholen Sie sich kurz und denken Sie über das neue Wissen nach. Sie können die Tour auch unterbrechen, um die Tipps und Hinweise auf Ihre persönliche Fragestellung anzuwenden.

Unsere Tour erstreckt sich über fünf Stationen (Kapitel), die inhaltlich aufeinander aufbauen. Daher ist es sinnvoll, wenn Sie diese auch in der vorgegebenen Abfolge besuchen.

Wir beginnen nun mit unserer Tour. Ich wünsche Ihnen dabei viel Spaß und neue Erkenntnisse.

Myriam Schlag

Inhaltsverzeichnis

1 **Gut informiert?! – Informationen in unserem Alltag**   1
1.1 Leben in der Informationsgesellschaft   3
1.2 Wir brauchen neue Kompetenzen im Umgang mit Informationen   6
1.3 Was können Sie aus diesem Buch lernen?   8
Literatur   9

2 **Achtung Information! – wie wir Informationen verarbeiten**   11
2.1 Wie verarbeiten Menschen Informationen?   12
2.2 Texte nicht nur lesen, sondern auch verstehen   19
    2.2.1 Verschiedene Textebenen   20
    2.2.2 Wie verarbeiten Leser*innen einen Text?   22

2.3	Und was ist mit Zuhören?	25
Literatur		26

3 Suchen Sie etwas Bestimmtes? – Umgang mit verschiedenen Texten zu einem Thema — 27

3.1	Warum ist der Umgang mit verschiedenen Texten zu einem Thema so schwierig?		29
3.2	Ein kleines Modell		30
3.3	Wie suchen Sie nach Informationen im Internet?		32
	3.3.1	Das Ziel der Suche	34
	3.3.2	Die Selektion von Informationen	37
	3.3.3	Die Evaluation von Informationen	45
	3.3.4	Integration von Informationen	57
	3.3.5	Rahmenbedingungen	72
Literatur			81

4 Was bringen Sie mit? – Einflussfaktoren beim Umgang mit Informationen — 85

4.1	Vorwissen	87
4.2	Expertise	93
4.3	Arbeitsgedächtnis	96
4.4	Wissens- und Lesestrategien	99
4.5	Metakognition	108
4.6	Exekutive Funktionen	114
4.7	Epistemische Überzeugungen	117
4.8	Motivation	120
4.9	Persönlichkeitseigenschaften, Interessen und Überzeugungen	123

4.10	Emotionen	126
4.11	Das Ziel: Selbstreguliertes Lernen	130
Literatur		131

5 Mehr als nur Text! – Umgang mit Multimedia 135

5.1	Papier oder Bildschirm?	136
5.2	Multimedia	142
	5.2.1 Die kognitive Theorie multimedialen Lernens	143
	5.2.2 Verschiedene visuelle Darstellungsformen	147
5.3	Kognitive Belastung reduzieren	152
5.4	… und was ist mit Videos?	159
Literatur		162

Schlusswort 165

Stichwortverzeichnis 167

1

Gut informiert?! – Informationen in unserem Alltag

Zusammenfassung Dieses Kapitel soll Ihnen verdeutlichen, wie schwierig die Suche nach passenden Informationen zu alltäglichen Fragen sein kann. Man sucht nach einem einfachen Stichwort und steht plötzlich mitten im „Informationsdschungel". Darüber hinaus erfahren Sie, welche Merkmale unser Leben in der Informationsgesellschaft kennzeichnen und welche großartigen Möglichkeiten, aber auch Stolperfallen sich daraus ergeben. Das bedeutet, dass wir neue (oder aufgefrischte) Kompetenzen benötigen, insbesondere wenn wir im Internet nach Informationen suchen. Dabei soll Sie dieses Buch unterstützen. Am Ende des Kapitels erhalten Sie einen Überblick über die Inhalte der weiteren Buchkapitel und erfahren, woher das Wissen in diesem Buch eigentlich stammt.

Beginnen wir mit einem kleinen Beispiel:

> **Beispiel: Die Trinkflasche**
>
> Ich wollte mir für meinen Wanderurlaub eine Trinkflasche kaufen. Es sollte nicht irgendeine Flasche sein, sondern ich wollte mich vorher im Internet informieren, welche Flaschenarten es überhaupt gibt. Ein paar Kriterien hatte ich bereits: Die Flasche sollte einen Liter Wasser fassen können. Sie sollte gut zu reinigen und leicht sein, da ich sie auf Wanderungen mitnehmen wollte. Mein Ziel war also klar. Doch nach ungefähr dreißigminütiger Suche klappte ich genervt den Laptop zu. Die Suche war gescheitert. Es waren zu viele Angebote, zu viele Informationen und zu viele Entscheidungen. Aus meiner einen ursprünglichen Frage (Welche Trinkflasche kaufe ich?) war ein ausgewachsener Entscheidungsbaum mit unzähligen Fragen gewachsen: Welches Material ist das Beste (Glas, Aluminium, Edelstahl oder Plastik)? Welche Getränke möchte ich in der Flasche transportieren (Getränke mit Kohlensäure, warme oder kalte Getränke oder nur stilles Wasser)? Wie viel Geld möchte ich für eine Trinkflasche ausgeben? Wie viel soll die Flasche wiegen, damit sie beim Wandern nicht zu schwer ist? Wie groß soll die Öffnung sein? Muss die Flasche spülmaschinenfest sein? Möchte ich eventuell später Ersatzteile wie einen neuen Verschluss für die Flasche kaufen? Als würden die vielen Fragen und unzähligen Flaschen in verschiedenen Farben, Materialien, Formen und Designs noch nicht ausreichen, habe ich ja auch die Möglichkeit, mir Tests und Bewertungen zu einzelnen Produkten anzusehen. Doch nicht alle Tests beziehen genau die Trinkflaschen und Kriterien ein, die ich vergleichen möchte. Ob die Tests unabhängig und vertrauenswürdig sind, ist auch nicht immer schnell zu erkennen. Bei manchen Produktbewertungen, die ich mir ansah, bemerkte ich erst später, dass sie sich auf ein ganz anderes Produkt beziehen oder vielleicht nicht echt sind. Einige Bewertungen waren auch nur Beschwerden von Käufern, welche die Trinkflasche nicht rechtzeitig oder im schlechten Zustand erhalten hatten. Es gab so viele Aspekte und Kriterien, die ich bei der Suche gleichzeitig im Kopf behalten musste, um die optimale Flasche zu finden. Die Suche hätte sich zu einem echten Zeitfresser entwickelt, wäre ich dabei akribisch vorgegangen. Willkommen im

> Informationsdschungel – ich stand mittendrin und hatte mich verlaufen.

1.1 Leben in der Informationsgesellschaft

Schon dieses kurze Beispiel der Trinkflasche zeigt zum einen, wie sehr eine vermeintlich einfache Suche schiefgehen kann. Ich habe mich am Ende nicht für eine Flasche entscheiden können. Zum anderen sieht man daran, wie sich eine Informationssuche ausdehnen und in die Tiefe gehen kann. Dabei hat meine ursprüngliche Frage nicht mal einen wissenschaftlichen Hintergrund. Der kann jedoch schnell hinzukommen. Das Thema kann beispielsweise sowohl die Gesundheit (Sind manche Materialien schädlich für mich, wenn ich daraus trinke?) als auch Umweltfragen (Welches Material ist umweltfreundlicher?) berühren. Eine einfache Frage wird so ziemlich schnell sehr umfangreich.

Doch ohne Informationen geht es meist auch nicht. Menschen suchen im Allgemeinen nach Informationen, weil sie eine konkrete Frage haben, auf die sie eine Antwort benötigen (z. B. Was kann ich gegen meine Rückenschmerzen tun?). Andere müssen ein Problem lösen (z. B. Ich muss mein Haus versichern. Welche Versicherungen brauche ich?) oder möchten einfach ihr Wissen und Verständnis zu bestimmten Themen erweitern (z. B. Informationen zum Klimawandel) (McCrudden et al., 2023).

All diese Beispiele weisen auf vier Merkmale von Informationen hin und wie wir mit ihnen umgehen:

> **Übersicht**
> - Es gibt sehr viele Informationen.
> - Unsere Zeit ist begrenzt.
> - Wir müssen Entscheidungen für unser Leben treffen.
> - Wir sind nicht in jedem Bereich Expert*in.

Sehen wir uns diese vier Themen einmal ausführlicher an:

1. **Es gibt sehr viele Informationen.** Dank des Internets sind große Mengen von Informationen überall sehr schnell abrufbar. Das ist eine wunderbare Sache, die uns eine aufwendige Recherche in Archiven und Bibliotheken erspart. Auf der anderen Seite kann aber auch jede*r Informationen ins Internet einstellen. Das führt dazu, dass die Informationen von unterschiedlicher Qualität sind. Die Perspektiven vermischen sich ebenfalls – die Grenzen zwischen Meinung, Fakten und Werbung verschwimmen dabei immer häufiger und Informationsquellen sind nicht immer nachvollziehbar. Darüber hinaus sind auch nicht alle Informationen, wie beispielsweise wissenschaftliche Artikel, für ein breites Publikum geschrieben. Diese wissenschaftlichen Artikel richten sich an andere Forscher*innen und nicht an fachfremde Personen (Hendriks et al., 2020). Doch selbst wenn es sich nicht um wissenschaftliche Informationen handelt, sondern um ein ganz alltägliches Beispiel wie das der Trinkflasche, müssen wir Informationen aus verschiedenen Texten und Informationsquellen zu einer Antwort zusammenpuzzeln. Wie gehen wir dabei am besten vor?
2. **Unsere Zeit ist begrenzt.** Der alltägliche Stress nimmt zu und unsere Aufmerksamkeit ist zu einer Art Währung geworden. Informationen in Medien und im Internet werden so gestaltet, dass sie unsere Aufmerk-

samkeit auf sich ziehen – für mehr Likes, Klicks und geschaltete Werbeanzeigen. Das führt beispielsweise zu überzogenen Überschriften in Zeitungen, Zeitschriften oder Internetportalen. Doch unser begrenztes Zeitbudget bedeutet auch, dass wir uns nicht alle existierenden Informationen zu einem Thema ansehen können (und wollen). Wir müssen die richtigen und für uns passenden Informationen auswählen. Doch nach welchen Kriterien sollten wir Informationen auswählen, um zum besten Ergebnis zu kommen?

3. **Wir müssen Entscheidungen für unser Leben treffen.** Informationen im Internet zu suchen und zu lesen, ist häufig kein Selbstzweck oder eine nette Beschäftigung, weil uns gerade langweilig ist. Wir brauchen diese Informationen, um informierte Entscheidungen beispielsweise für unser Leben, unsere Gesundheit, aber auch für die Gesellschaft und die Umwelt zu treffen (Hendriks et al., 2020). Doch oft kennen wir uns auf den Gebieten, auf denen wir Entscheidungen treffen sollen, nicht sehr gut aus. Dennoch müssen wir entscheiden, ob und welche Behandlung wir bei Krankheiten möchten, welche Produkte wir kaufen, wen wir wählen und in welchen gesellschaftlichen Bereichen wir uns engagieren möchten. Auf welcher Basis sollten wir diese Entscheidungen also treffen?

4. **Wir sind nicht in jedem Bereich Expert*in.** Auf den meisten Gebieten sind wir fachfremd und nur auf ganz wenigen Expert*innen. Die Universalgenies sind ausgestorben. Universalgelehrte wie beispielsweise Gottfried Wilhelm Leibniz leisteten bis ins 18. Jahrhundert in verschiedenen Wissenschaften wichtige Beiträge. Das Wissen über die Welt und die Technologien ist seitdem jedoch so stark angewachsen, dass die Menschheit ihr Wissen auf unterschiedliche Expert*innen aufgeteilt hat. Dieses Prinzip wird in der Psychologie „kognitive

Arbeitsteilung" genannt (Bromme et al., 2016). Doch wenn wir nicht mehr alles selbst wissen können, drängt sich die Frage auf: Wem vertraue ich? Wessen Informationen sind glaubwürdig?

Ich bin mir recht sicher, dass auch Sie schon Erfahrungen mit dem einen oder anderen genannten Punkt gesammelt haben. Dann ist Ihnen vermutlich auch bewusst, wie herausfordernd der Umgang mit Informationen sein kann. Die Frage ist nun, was Sie tun können, um gute Informationen zu finden und zusammenzubringen.

1.2 Wir brauchen neue Kompetenzen im Umgang mit Informationen

Nicht, dass Sie nicht sowieso schon genug mit den Informationen und den daraus resultierenden Entscheidungen für Ihr Leben zu tun hätten – jetzt schlage ich Ihnen auch noch vor, sich neue Kompetenzen anzueignen. Das kann sich jedoch langfristig für Sie auszahlen. Je nachdem wie alt Sie sind, haben Sie in Ihrer Schulzeit und Ausbildung gelernt, Informationen in Lexika, Wörterbüchern und Bibliotheken zu finden. Das heißt, Sie sind bereits kompetent im Umgang mit Informationen. Die Anzahl der verfügbaren Informationen war damals jedoch übersichtlicher als heute. Anstelle eines Lexikoneintrags zu einem Thema erhalten Sie heute im Internet je nach Thema eine fünfstellige Anzahl an Suchergebnissen. Es ist unwahrscheinlich, dass Sie diese alle konzentriert lesen möchten. Auch die ersten Treffer sind bei weitem nicht immer die besten, sondern häufig die gesponserten. Hinzu kommt, dass die Informationen sich in all diesen verschiedenen Informationsquellen gleichen, überlappen, aber auch widersprechen können. Doch vermutlich wollten Sie die Informationssuche nicht über Jahre hinweg zu Ihrer hauptberuflichen Tätigkeit ausweiten, sondern eine relativ schnelle solide Antwort oder Lösung. Somit müssen Sie Ihre Informationskompetenzen an die aktuellen Gegebenheiten anpassen und etwas auffrischen. Doch auch die jüngeren Leser*innen ohne Lexikon-Vorerfahrungen benötigen Kompetenzen, denn nur weil man mit dem Internet aufgewachsen ist, heißt das nicht automatisch, dass man mit Informationen kompetent umgehen kann (Stadtler et al., 2014).

Wir alle benötigen Kompetenzen…

- bei der Informationssuche,
- beim Umgang mit verschiedenen Informationsquellen und deren Glaubwürdigkeit,
- beim Lesen digitaler Texte und
- beim Umgang mit wissenschaftlichen Informationen, die immer häufiger für die Allgemeinheit zugänglich sind (Alexander, 2020; Hendriks et al., 2020; Stadtler et al., 2014).

Da die meisten von uns täglich oder wenigstens wöchentlich Informationen im Internet suchen, brauchen wir diese neuen Kompetenzen dringend. Langsam finden diese auch den Weg in Schulen und andere Bildungseinrichtungen. Doch letztlich benötigen wir alle diese Kompetenzen und zwar nicht erst morgen, sondern schon heute. Daher möchte ich Sie mit psychologischem Wissen und diesem Buch unterstützen, kompetenter mit Informationen umzugehen.

1.3 Was können Sie aus diesem Buch lernen?

Ich versuche, Sie mit diesem Buch zu unterstützen, besser mit den zahlreichen Informationen umzugehen. Die Inhalte des Buches bauen dabei auf wissenschaftlichen Erkenntnissen der Psychologie auf. Leider kann ich Ihnen dabei nicht einfach eine Tabelle von vertrauenswürdigen oder dubiosen Internetseiten präsentieren – mit so einfachen Daumenregeln ist es heutzutage nicht mehr getan. Ein Grund dafür ist, dass sich die Regeln so schnell weiterentwickeln und verändern wie das Internet selbst. Somit sind eine einfache Übersicht oder zwölf kleine Tipps zur Informationssuche im Internet nicht mehr ausreichend. Es geht vielmehr um ein tieferes Verständnis, wie Menschen Informationen aufnehmen und verarbeiten. Doch auch dieses Forschungsthema ist bei weitem noch nicht gänzlich ergründet. Es kommen jedes Jahr neue Erkenntnisse hinzu und bestehendes Wissen verändert sich weiter.

In den nächsten Kapiteln erfahren Sie, …

- wie Menschen **Informationen und Texte verarbeiten** und welche Stolperfallen Ihnen dabei begegnen können. Sie lernen verschiedene Gedächtnisspeicher kennen und erfahren, wie sinnerfassendes Lesen überhaupt möglich ist.
- was Sie bei der **Informationssuche, -bewertung und -zusammenführung** verschiedener Texte beachten sollten. So gelangen Sie zu den Informationen, die Sie wirklich brauchen.
- was Ihre **Informationsverarbeitung beeinflusst** und vielleicht sogar verzerrt. Denn auch Sie als Leser*in bringen Ihre „ganz persönliche Lesebrille" mit, durch die Sie sich die neuen Informationen ansehen. Wenn

Sie die Einflüsse kennen, können Sie besser mit ihnen umgehen.
- welche Herausforderungen **andere Darstellungsformate** wie Diagramme, Videos, Bilder und Multimedia-Formate mit sich bringen. Denn schließlich besteht die Welt nicht nur aus Texten.

Wenn Sie sich jetzt fragen, woher ich als Autorin das alles weiß, dann freue ich mich darüber. Denn diese Frage sollten Sie sich immer stellen, wenn Ihnen jemand etwas erzählen oder beibringen möchte. Die Frage ist ein erster wichtiger Schritt auf unserer Reise. Meine Antwort ist, dass ich auf den Schultern von Riesen stehe. Das bedeutet, dass ich in diesem Buch Wissen aus der pädagogisch-psychologischen Forschung zum Thema zusammentrage. Ich stehe somit im übertragenen Sinne auf den Schultern vieler Wissenschaftler*innen in diesem Fachgebiet. Für einen festen Stand sorgen außerdem mein Psychologie-Studium und meine anschließende Promotion sowie mein Journalismus-Studium. Alles was Sie hier lesen, habe ich mir also nicht einfach ausgedacht. Daher finden Sie auch immer wieder Verweise zu Quellen und lesen Namen verschiedener Forscher*innen, deren Arbeiten ich in diesem Buch präsentiere.

Literatur

Alexander, P. A. (2020). What research has revealed about readers' struggles with comprehension in the digital age: Moving beyond the phonics versus whole language debate. *Reading Research Quarterly, 55*(S1). https://doi.org/10.1002/rrq.331.

Bromme, R., Kienhues, D., & Stadtler, M. (2016). Die kognitive Arbeitsteilung als Herausforderung für die

Forschung zu epistemischen Überzeugungen. In A.-K. Mayer & T. Rosman (Hrsg.), *Denken über Wissen und Wissenschaft: Epistemologische Überzeugungen* (1. Aufl., S. 25–39). Pabst Science Publishers.

Hendriks, F., Mayweg-Paus, E., Felton, M., Iordanou, K., Jucks, R., & Zimmermann, M. (2020). Constraints and affordances of online engagement with scientific information – A literature review. *Frontiers in Psychology, 11,* 572744. https://doi.org/10.3389/fpsyg.2020.572744.

McCrudden, M. T., Bråten, I., & Salmerón, L. (2023). Learning from multiple texts. *International Encyclopedia of Education(Fourth Edition)* (S. 353–363). Elsevier. https://doi.org/10.1016/B978-0-12-818630-5.14046-1.

Stadtler, M., Bromme, R., & Rouet, J.-F. (2014). „Science meets Reading": Worin bestehen die Kompetenzen zum Lesen multipler Dokumente zu Wissenschaftsthemen und wie fördert man sie. *Unterrichtswissenschaft, 42*(1), 55–68.

> # 2

Achtung Information! – wie wir Informationen verarbeiten

Zusammenfassung In diesem Kapitel gehen wir der Frage nach, wie Informationen eigentlich in unseren Kopf gelangen und wie diese dort verarbeitet und gespeichert werden können. Dazu lernen Sie ein Gedächtnismodell sowie verschiedene Gedächtnisspeicher und deren Funktionen kennen. Dieses Wissen ist vor allem dann nützlich, wenn unsere Informationsverarbeitung an ihre Grenzen stößt. Anschließend erhalten Sie einen Überblick, wie sinnverstehendes Lesen eigentlich möglich ist. Dazu lernen Sie verschiedene Textebenen und deren Merkmale kennen. Sie erfahren auch, welche Rolle das Vorwissen spielt und wie Sie Lesestrategien gewinnbringend einsetzen können. Am Ende des Kapitels betrachten wir, wie Informationen beim Zuhören aufgenommen werden und welche Besonderheiten dies mit sich bringt.

© Der/die Autor(en), exklusiv lizenziert an Springer Fachmedien Wiesbaden GmbH, ein Teil von Springer Nature 2023
M. Schlag, *Wege durch den Informationsdschungel*,
https://doi.org/10.1007/978-3-658-40330-0_2

Wie gelangen die Informationen von außen eigentlich in unseren Kopf und was passiert da drinnen mit ihnen? Wir hören, sehen, schmecken, riechen und fühlen jeden Tag sehr viele verschiedene Informationen. Die Verarbeitung passiert meist ganz automatisch und wir denken nicht weiter darüber nach. Aufmerksam werden wir meist erst dann, wenn unsere Informationsverarbeitung an ihre Grenzen stößt. Daher lernen Sie in diesem Kapitel ein paar Grundlagen zu Ihrem Gedächtnis kennen, beispielsweise wie Sie Informationen verarbeiten und in Ihrem Gedächtnis speichern. Anschließend erfahren Sie, wie Sie sinnverstehend lesen und welche Besonderheiten das Zuhören mit sich bringt.

2.1 Wie verarbeiten Menschen Informationen?

Wenn man Menschen, die beruflich nichts mit dem Gedächtnis oder der Psychologie zu tun haben, fragt, wie das Gedächtnis aufgebaut ist, kommen recht schnell zwei Begriffe auf den Tisch: Kurzzeitgedächtnis und Langzeitgedächtnis. Diese haben Sie vermutlich auch schon einmal gehört.

Es gibt verschiedene Modelle und Annahmen, wie Informationen verarbeitet und gespeichert werden. Für unsere Zwecke stelle ich Ihnen das Mehrspeichermodell

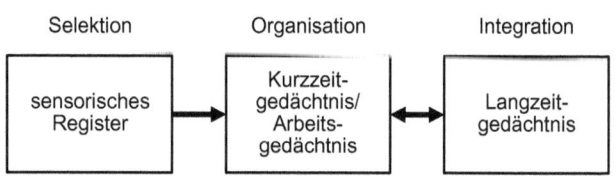

Abb. 2.1 Gedächtnismodell nach Atkinson und Shiffrin aus dem Jahr 1968. (Quelle: In Anlehnung an Zoelch et al., 2019, S. 26)

aus der Psychologie vor. Das Modell wurde 1968 von Richard C. Atkinson und Richard M. Shiffrin veröffentlicht und ist in einer angepassten Version in Abb. 2.1 zu sehen (Zoelch et al., 2019).

Bevor wir eine Information verarbeiten können, müssen wir sie erst einmal wahrnehmen. Dazu nutzen wir eines unserer Sinnesorgane: Augen, Ohren, Nase, Haut oder Zunge. Dieser erste Schritt wird auch als **Selektion** bezeichnet, da wir Informationen aus unsere Umwelt auswählen. Wir können dabei eine Information nur sehr kurz registrieren und erkennen oberflächliche Merkmale, wie Formen, Farben und Muster (Zoelch et al., 2019). Stellen Sie sich dazu vor, Sie gehen durch eine Fußgängerzone und suchen einen Bäcker. Dann werden Sie ein Schuhgeschäft vielleicht kurz bemerken, ihm aber letztlich keine weitere Beachtung schenken, da es nicht Ihrem Ziel (Bäcker) entspricht. Diese Information registrieren Sie meist nur aus dem Augenwinkel und vergessen sie anschließend rasch wieder.

Im Mehrspeichermodell entspricht das dem ersten Speicher, dem **sensorischen Register** oder auch Ultrakurzzeitgedächtnis (Zoelch et al., 2019). Die Informationen werden dort nur für den Bruchteil einer Sekunde gespeichert und je nach Aufmerksamkeit und Relevanz aussortiert oder weiterverarbeitet. Da Sie jedoch nur einen Aufmerksamkeitsfokus besitzen, können Sie nicht alles in Ihrer Umwelt gleichzeitig wahrnehmen. Schenken Sie einer Information keine Aufmerksamkeit, nicht mal für den Bruchteil einer Sekunde, geht diese einfach an Ihnen vorüber und wird von Ihnen nicht verarbeitet.

Es kann aber auch der Fall eintreten, dass eine Information für Sie wichtig ist und Sie Ihre Aufmerksamkeit länger darauf ausrichten. Dann gelangt die Information in den nachfolgenden Speicher und wird dort weiterverarbeitet. Das ist der Ort an dem unter anderem das Denken, Überlegen, Abwägen, Entscheiden, Rechnen und Formulieren stattfindet. Dazu können Sie die neuen Informationen mit denjenigen verbinden, die Sie schon länger in Ihrem Gedächtnis gespeichert haben. Dieser Schritt wird auch als **Organisation** bezeichnet, da Sie die eingehenden Informationen ordnen und verarbeiten. Vielleicht erinnern Sie sich noch daran, wo Sie das letzte Mal in dieser Straße einen Bäcker gefunden haben. Nun können Sie den aktuellen Standort mit Ihren Erinnerungen abgleichen, um herauszufinden, in welche Richtung Sie gehen müssen.

Im Mehrspeichermodell heißt dieser Teil Kurzzeitgedächtnis. Später wurde dieser Speicher durch das Modell des **Arbeitsgedächtnisses** von Alan Baddeley ergänzt. Die Bezeichnung Kurzzeitgedächtnis bedeutet, dass Informationen gespeichert werden. Im Vergleich dazu umfasst die Beschreibung des Begriffs Arbeitsgedächtnis, dass Informationen gespeichert und verarbeitet werden (Zoelch et al., 2019). Es handelt sich somit also um eine Erweiterung der Idee des Kurzzeitgedächtnisses. Daher bezeichne ich diesen Teil des Gedächtnisses in diesem Buch nachfolgend auch als Arbeitsgedächtnis. Die Modellvorstellung zum Arbeitsgedächtnis ist recht komplex und beinhaltet mehrere Untereinheiten. Fürs Erste reicht es jedoch aus, wenn Sie wissen, dass die Aufnahme und Speicherdauer von Informationen im Arbeitsgedächtnis begrenzt ist. Das bedeutet, Sie können nicht gleichzeitig einen komplexen Satz formulieren und eine schwierige Matheaufgabe lösen. Natürlich können Sie zwischen beiden Aufgaben schnell hin und her springen. Doch letztlich bearbeiten Sie immer nur eine der beiden Aufgaben, wenn beide schwierig sind. Ein Multitasking ist dabei für die allermeisten Menschen nicht möglich.

Die Speicherdauer des Arbeitsgedächtnisses beträgt nur wenige Sekunden. Einfache Dinge wie eine längere Einkaufsliste für den Bäcker können Sie natürlich laut vor sich hinsagen oder innerlich wiederholen, bis Sie im Geschäft angekommen sind. So nutzen Sie eine Gedächtnisstrategie (Wiederholung) und halten die Informationen im Arbeitsgedächtnis präsent. Tun Sie dies jedoch nicht, vergessen Sie möglicherweise etwas von Ihrer Liste.

Es gibt jedoch auch eine Menge Informationen, die Sie bereits in Ihrem Gedächtnis gespeichert haben. Sie wissen, wie Sie heißen, wo Sie wohnen, in welchem Land Sie leben und wie ein Baum aussieht. Vermutlich wissen Sie sehr, sehr viele Dinge. Manchmal müssen Sie vielleicht etwas länger überlegen, aber dann fällt es Ihnen wieder ein. Oder es fällt Ihnen nicht wieder ein, dann haben Sie es vergessen oder die Information ist gerade nicht zugänglich. Doch manchmal riechen Sie etwas, hören ein altes Lied oder sehen ein Bild und Ihnen fallen Dinge ein, die Sie längst vergessen geglaubt hatten. Auch wenn Sie die Telefonnummer von Ihrem Hausarzt öfter benötigen, kann es sein, dass Sie diese irgendwann auswendig kennen. Sie haben diese somit langfristig in Ihrem Gedächtnis gespeichert. Dieser letzte Schritt wird auch **Integration** genannt, da Sie neues Wissen in Ihr bestehendes Wissen einbauen.

Dieser Teil unseres Gedächtnisses ist als **Langzeitgedächtnis** bekannt (Zoelch et al., 2019). Auch dieses kann in verschiedene Teilsysteme unterteilt werden. Es beinhaltet beispielsweise:

- das episodische Gedächtnis für biographische Inhalte (Wie war mein erster/letzter Schultag?)
- das deklarative Gedächtnis für Faktenwissen (Wer ist amtierende*r Bundeskanzler*in?)

- das prozedurale Gedächtnis für Handlungswissen (Wie fährt man Fahrrad?)

Wie viele Informationen man im Langzeitgedächtnis behalten kann, ist nicht genau bekannt. Es ist jedoch möglich, extrem viel darin zu speichern. (Das ist im Übrigen auch für alle Lerner*innen sehr beruhigend zu wissen. Bisher sind keine Todesfälle aufgrund von übermäßigem Wissen bekannt. Es ist also genug Platz in Ihrem Gedächtnis, keine Sorge.) Sie können täglich neue Informationen in Ihr gesundes Gedächtnis einfügen, egal wie alt Sie sind. Doch häufig lernen wir täglich nur kleine Dinge hinzu, die jedoch für unseren Alltag bedeutsam sind: Wie funktioniert der neue Automat? Welches neue Produkt gibt es? Wie heißt das neugeborene Baby in der Familie?

Die Speicherdauer in unserem Langzeitgedächtnis ist unbegrenzt. Daher bleibt mancher blöde Werbeslogan auch über Jahrzehnte fest verankert, vor allem wenn dieser noch mit Musik verbunden ist.

> **Fassen wir das Wissen über das Gedächtnis nochmal kurz zusammen**
> Das Mehrspeichermodell besteht aus drei Speichern – dem sensorischen Register, dem Arbeitsgedächtnis und dem Langzeitgedächtnis. Die Speicher unterscheiden sich in der Aufnahmekapazität und Speicherdauer der Informationen. Vergessen ist in jedem Speicher möglich, was sowohl ärgerlich als auch zugleich nützlich ist. Die Gedächtnisspeicher sind untereinander verbunden. Das Arbeitsgedächtnis verbindet neue und bestehenden Informationen miteinander und verarbeitet diese. Die dazugehörigen Verarbeitungsschritte heißen Selektion, Organisation und Integration.

2 Achtung Information! – wie wir Informationen ...

Das Büro

Falls Sie das alles etwas zu theoretisch fanden, können Sie sich das Mehrspeichermodell auch als Büro wie in Abb. 2.2 vorstellen. Neue Informationen kommen in den Posteingang oder ins Postfach. Das entspricht dem **sensorischen Speicher**. Dort sortieren Sie schon das erste Mal Informationen aus. Was ist Werbung? Was betrifft Sie nicht? Welche Nachricht gehört nicht zu Ihrem Arbeitsbereich, sodass Sie diese Ihrer Kollegin weiterleiten? Was müssen Sie selbst bearbeiten?

Das **Arbeitsgedächtnis** ist die Arbeitsfläche auf Ihrem Schreibtisch. Dort bearbeiten Sie Dokumente aus dem Posteingang. Dabei rechnen Sie etwas aus, Sie unterstreichen etwas, machen sich eine Notiz oder füllen etwas aus. Sie bearbeiten jedoch immer nur ein Dokument nach dem nächsten. Um manche Dokumente bearbeiten zu können, brauchen Sie Informationen aus einem Ordner neben Ihnen im Regal. Dort legen Sie Informationen nach verschiedenen Themen ab.

Nachdem Sie ein Dokument bearbeitet haben, senden Sie es weiter oder Sie heften es in Ihrem Ordner ab. Den

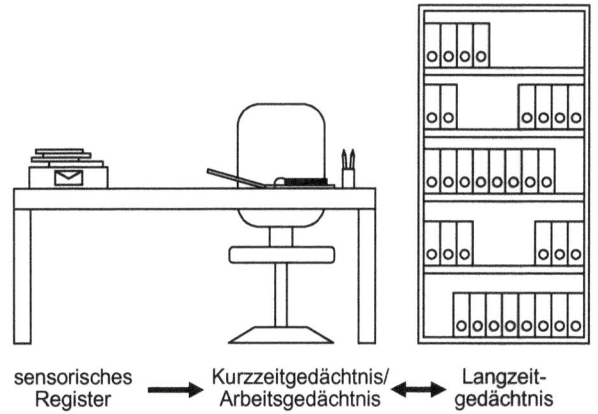

Abb. 2.2 Unser Gedächtnis als Büro

Ordner stellen Sie ins Regal, das als **Langzeitgedächtnis** fungiert. Dort bewahren Sie Ihre wichtigen Dokumente auf, die Sie später noch einmal brauchen können.

Natürlich können auch mal Dokumente verloren gehen. Sie können Nachrichten in Ihrem Posteingang übersehen oder versehentlich wegwerfen. Vielleicht vergessen Sie auch, ein Dokument nach dem Bearbeiten direkt in den richtigen Ordner abzuheften. Dann liegt es in einer Ablage oder Sie entsorgen es unabsichtlich. Oder aber Sie heften ein Dokument versehentlich an die falsche Stelle oder ordnen es mit einem Stapel anderer Dokumente ein. Das führt dazu, dass Sie es später nicht mehr wiederfinden. Dann ist es verschwunden oder eben vergessen.

Doch so anschaulich dieses Beispiel auch sein mag, hinkt diese Analogie etwas. Denn unser Langzeitgedächtnis ist weder ein Aktenschrank, noch eine Aneihung von Boxen oder eine Festplatte. Unser Gedächtnis ist ein aktives dynamisches System, welches aus einem neuronalen Netzwerk besteht. In diesem Netzwerk können neue Informationen bereits abgespeicherte Inhalte verändern. Auch beim Erinnern können aktuelle Emotionen, Einstellungen und Vorurteile unsere Gedächtnisinhalte beeinflussen (Zoelch et al., 2019).

Recht unterhaltsam und spannend sind in diesem Zusammenhang auch die Erinnerungsfehler unseres Gedächtnisses (Gelitz, 2021). Diese sind nicht nur im Alltag sondern insbesondere bei Zeugenaussagen und vor Gericht von großer Bedeutung. Doch bleiben wir bei den harmlosen Alltagsbeispielen. Haben Sie schon mehrfach im gleichen Parkhaus an unterschiedlichen Orten geparkt und wussten eines Tages nicht mehr, wo Sie Ihr Auto abgestellt hatten? Sie waren sich sicher, den Parkplatz zu kennen – es war jedoch Ihr Parkplatz beim letzten Aufenthalt, auf dem jetzt ein fremdes Auto steht.

2.2 Texte nicht nur lesen, sondern auch verstehen

Bevor ich Ihnen im nächsten Kapitel berichte, was passiert, wenn man mehrere Texte zu einem Thema liest, sehen wir uns die Vorgänge erst mal an einem einzelnen Text an. Meist wollen Sie einen Text nicht nur Wort für Wort lesen, sondern dessen Inhalt verstehen und für sich nutzen. Sie möchten sinnverstehend lesen. Das bedeutet, dass Sie zwischen den Wörtern und Sätzen einen Zusammenhang herstellen müssen. In der Psychologie des Textverstehens wird dies als Kohärenz bezeichnet (Richter & Schnotz, 2018). Diese Zusammenhänge können sich zwischen zwei Sätzen bilden:

> **Ein Beispiel**
>
> Marie möchte einen Apfel essen. Sie sucht sich den Schönsten heraus.

Als geübter*m Leser*in ist Ihnen sofort klar, dass das Pronomen „Sie" im zweiten Satz sich auf Marie im ersten Satz bezieht und „den Schönsten" auf einen Apfel. Die beiden Sätze stehen somit in einem Zusammenhang und es entsteht eine lokale Kohärenz. Zusammenhänge können sich natürlich auch über ganze Texte erstrecken und bilden dann eine globale Kohärenz (Renkl, 2015).

Darüber hinaus können Sie als geübte*r Leser*in auch verschiedene Schlussfolgerungen (kausale Inferenzen) aus den beiden Beispielsätzen ziehen (Richter & Schnotz, 2018). Vielleicht ist Ihnen klar, dass Marie mehrere Äpfel zur Auswahl hatte und nicht alle Äpfel gleich aussahen. Das steht so natürlich nicht im Text, wäre aber eine logische Schlussfolgerung daraus. Schließlich sucht sich Marie einen Apfel aus, was bedeutet, es gibt mehrere Äpfel. Da sie sich den schönsten aussucht, kann man davon ausgehen, dass nicht alle Äpfel gleich aussehen. Man könnte jetzt auch noch Rückschlüsse auf Marie ziehen, weil sie sich den schönsten Apfel aussucht, doch das führt an dieser Stelle etwas zu weit. Sie sind außerdem in der Lage, solche Schlussfolgerungen ziehen, weil Sie ein gewisses Vorwissen mitbringen und auch schon einmal einen Apfel ausgewählt und gegessen haben. Meist laufen diese Schlussfolgerungen ganz automatisch ab, wenn Sie schon Vorwissen zu einem Thema besitzen (Renkl, 2015). Letztlich muss auch ich als Autorin Ihnen nicht alles haargenau aufschreiben. Das würde den Text auch stark in die Länge ziehen, wenn ich jedes Detail und jede Schlussfolgerung erklären müsste. Autor*innen und alle anderen Textverfasser*innen rechnen somit mit dem Vorwissen ihrer Leser*innen – egal, ob in Romanen, Briefen oder Textnachrichten.

2.2.1 Verschiedene Textebenen

Die Textinhalte können auf verschiedenen Ebenen (Repräsentationsebenen) dargestellt werden. Die Forscher Teun van Dijk und Walter Kintsch haben in ihrem Modell von 1983 drei Ebenen von Texten unterschieden (Renkl, 2015; Richter & Schnotz, 2018):

- Die Textoberfläche,
- die Textbasis und
- das Situationsmodell.

Die **Textoberfläche** ist dann wichtig, wenn Sie etwas wortwörtlich wiedergeben möchten. Vermutlich ist Ihnen klar, dass man auch Sätze oder ganze Gedichte auswendig aufsagen kann, ohne deren Inhalt zu verstehen. Wenn Sie jedoch einen Zeitungsartikel lesen, merken Sie sich meist nicht, was wortwörtlich im Artikel stand, sondern nur dessen inhaltliche Aussage.

Auf der Ebene der **Textbasis** geht es nun nicht mehr um den genauen Wortlaut, sondern um die inhaltliche Aussage (Proposition). Zwei Sätze, die unterschiedlich formuliert sind, können trotzdem die gleiche Aussage besitzen: „Der Hund biss einen Mann" und „Ein Mann wurde von dem Hund gebissen". Beide Sätze haben den gleichen Inhalt. Die inhaltlichen Aussagen beziehen sich auf Sachverhalte, die explizit im Text stehen. Oft ist es jedoch notwendig, dass Sie als Leser*in darüber hinausgehen. Dann kommen die Kohärenz und das Vorwissen wieder ins Spiel, die ich eben schon erwähnt habe. Da Lesen ein aktiver Prozess ist, müssen Sie als Leser*in selbstständig weitere Elemente zum Text hinzufügen, um ihn zu verstehen.

Die dritte Ebene ist das **Situationsmodell**, auch mentales Modell genannt. Dabei betten Sie als Leser*in den Text in eine Situation oder auch Kontext ein. Sie nutzen Ihr Wissen über die Welt, um den Text umfassend zu verstehen. Es ist das Bild, das Sie im Kopf haben, wenn Sie sich vorstellen, wie sich Marie einen Apfel aussucht. Dabei ergänzen Sie womöglich Details, die nicht im Text standen, beispielsweise dass eine Stiege mit mehreren Äpfeln vor Marie steht. Diese Vorstellungen helfen Ihnen auch, Probleme zu lösen oder Schlussfolgerungen für andere Kontexte zu ziehen. Angenommen unser Text würde so weiter gehen:

> **Beispiel**
>
> Marie möchte einen Apfel essen. Sie sucht sich den Schönsten heraus. Genüsslich beißt sie in die reife Birne.

Vermutlich würden Sie beim Lesen kurz innehalten, sich wundern und die Sätze erneut lesen. Sie haben bereits das Modell von Marie und ihrem Apfel aufgebaut. Wieso beißt Marie nun auf einmal in eine Birne? Der Text erscheint Ihnen nun nicht mehr schlüssig.

Untersuchungen von Walter Kintsch und Kolleg*innen haben gezeigt, dass Leser*innen die Textoberfläche am schnellsten vergessen, gefolgt von der Textbasis. Am längsten erinnerten sich die Teilnehmer*innen an das Situationsmodell (Richter & Schnotz, 2018). Das bedeutet, dass wir Texte, die wir einfach nur auswendig lernen, schneller vergessen, als diejenigen, die wir wirklich durchdacht und dazu unser Vorwissen einbezogen haben. Doch gleichzeitig fallen bei einer Zusammenfassung auch Details weg und sie wird dadurch ungenauer als der Originaltext.

2.2.2 Wie verarbeiten Leser*innen einen Text?

Wie Sie als Leser*in einen Text verarbeiten, hängt von Ihren persönlichen Zielen ab. Lesen Sie einen Text nur zum Vergnügen oder müssen Sie später eine wichtige Prüfung dazu ablegen? Ihre Ziele bestimmen, welche Verarbeitungsstrategien Sie anwenden. Diese Strategien können sich im Kleinen darauf beziehen, den Textinhalt mit seinen inhaltlichen Aussagen und lokalen Kohärenzen zu verstehen (Mikrostrategien) oder ihn im größeren

2 Achtung Information! – wie wir Informationen ...

Umfang in ein Situationsmodell einzuordnen (Makrostrategien). Zu den Makrostrategien gehört beispielsweise, die Hauptaussagen eines Textes zu erfassen, sich Notizen dazu anzufertigen oder wichtige Textpassagen zu unterstreichen (mehr dazu in Kap. 4) (Richter & Schnotz, 2018).

Möchten Sie sich einen Text, wie beispielsweise ein Gedicht, längerfristig behalten, müssen Sie diesen öfter wiederholen (Behaltensstrategie). Wenn Sie einen Text jedoch verstehen möchten, müssen Sie anders vorgehen und sich ein mentales Modell dazu bilden (Verstehensstrategie). Doch wie funktioniert das eigentlich? Dazu nutzen Sie am besten Strategien, mit denen die tiefe inhaltliche Verarbeitung der Textinhalte angeregt wird (Richter & Schnotz, 2018).

Das funktioniert, indem Sie…

- Ihr Vorwissen zum Thema des Textes gezielt aktivieren (Was weiß ich schon zum Thema?),
- sich Fragen zum Text stellen (Warum ist x passiert? Wie konnte y zustande kommen? Was wäre geschehen, wenn z nicht passiert wäre?),
- sich Bilder zum Text vorstellen oder
- sich eigene Beispiele zum Text ausdenken.

Sie sollten die Lesestrategien natürlich nicht beliebig einsetzen. Diese müssen zu Ihrem Leseziel oder der Leseaufgabe passen. Dabei müssen Sie regelmäßig kontrollieren, ob Sie die Strategie richtig anwenden und ob Sie Ihrem Ziel näher kommen. Dazu benötigen Sie metakognitive Strategien, die Ihre kognitiven Strategien überwachen. Bei geübten Leser*innen passiert das meist automatisch – es sei denn, es treten plötzlich Probleme auf. Wenn Sie einen Text nicht verstehen, lesen Sie Ihn vielleicht mehrmals oder nutzen weitere Verarbeitungsstrategien, um sich den Text zu erschließen. Sie verwenden dann mehr Zeit und denken tiefer über den Text und dessen Inhalt nach (Richter & Schnotz, 2018).

Angenommen Sie müssen einen komplizierten Fachtext mit einigen Fremdwörtern für eine wichtige Prüfung lesen und verstehen. Sie haben Ihr Leseziel fest vor Augen und werden den Text vermutlich anders lesen als ein unterhaltsames Buch am Strand im Sommerurlaub. Bestenfalls wenden Sie verschiedene Lesestrategien an. Sie suchen sich eine ruhige Umgebung und sorgen dafür, dass Sie in einer guten Verfassung sind. Sie planen genügend Zeit ein und halten Stift und Papier bereit. Sie verschaffen sich einen Überblick über den Text, seine Abschnitte und Zwischenüberschriften. Wenn es ein Lehrbuchtext ist, enthält dieser eventuell auch schon verschiedene Hilfen, wie Definitionen von Fachbegriffen, Markierungen von wichtigen Begriffen oder Zusammenfassungen. Sie lesen den Text aufmerksam und langsamer als gewöhnlich. Sobald Sie etwas nicht verstehen, lesen Sie die Stelle erneut oder notieren sich Fragen dazu. Dabei versuchen Sie, sowohl kleine Zusammenhänge zwischen den Sätzen, aber auch innerhalb des gesamten Textes herzustellen. Sie arbeiten sich Abschnitt für Abschnitt vor und machen sich Notizen am Textrand oder auf einem Blatt. Um inhaltliche Verbindungen zwischen dem Text und Ihrem Vorwissen herzustellen, blättern Sie in Ihren Mitschriften. Nach einiger Zeit merken Sie, dass die Konzentration nachlässt und legen eine kurze Pause ein. Außerdem überprüfen Sie, wie schnell Sie mit dem Text vorankommen und ob Sie sich Ihrem Leseziel nähern.

Fassen wir die Informationen zum Lesen und Verstehen von Texten noch einmal kurz zusammen Wenn Sie lesen, bilden Sie Zusammenhänge zwischen den Wörtern und Sätzen. Darüber hinaus unterscheidet man drei verschiedene

> Textebenen: die Textoberfläche, die Textbasis und das Situationsmodell. Beim Lesen von Texten spielen vor allem das Ziel, das Vorwissen und die verschiedene Lesestrategien eine wichtige Rolle, um sich den Text inhaltlich zu erschließen.

2.3 Und was ist mit Zuhören?

Wissen kann man sich nicht nur durch Lesen aneignen, sondern auch durch Zuhören. Das kennen Sie aus der Schule und Ihrer Ausbildung. Aber auch im Alltag hat das Zuhören seinen festen Platz. Sie hören die Nachrichten im Radio, Ihren Lieblingspodcast, ein Hörbuch oder den Vortrag einer Expertin. Vielleicht erzählt Ihnen auch eine andere Person eine wichtige Information. Häufig werden Bild und Ton in Videos oder im Fernsehen zusammengeführt, auch da müssen Sie zuhören, wenn Sie etwas erfahren möchten.

Die Gedächtnisprozesse beim Zuhören sind die gleichen wie bei anderen Informationsquellen. Auch hier greifen die drei Schritte der Informationsverarbeitung: Selektion, Organisation und Integration (Imhof, 2010). Einer der wichtigsten Unterschiede zwischen dem Zuhören und dem Lesen ist jedoch, dass Sie Gesprochenes meist nur einmal hören können (Zoelch et al., 2019). (Ausnahmen sind natürlich Videos, Hörspiele und Podcasts, bei denen man zurückspringen kann.) In geschriebenen Texten können Sie wichtige Passagen einfach nochmal oder auch langsamer lesen. Beim Zuhören ist das nicht (immer) möglich. Hinzu kommt, dass auch unser Arbeitsgedächtnis nur eine bestimmte Anzahl von Informationen für kurze Zeit speichern kann. Daher ist es beim Zuhören umso wichtiger, ein Zuhörziel zu formulieren und zu überwachen, ob man alles verstanden hat. Ein Zuhörziel erleichtert es, gehörte Informationen auszuwählen. Wenn Sie dann noch Vorwissen zum Thema mitbringen, wird es noch leichter. Darüber hinaus müssen Sie beim Zuhören nicht nur auf den Inhalt hören, sondern auch darauf achten, wie jemand etwas sagt. Auch darin sind wichtige Informationen enthalten, die den Inhalt in einen neuen Kontext stellen können (Imhof, 2010).

Literatur

Gelitz, C. (2021). *Erinnerungsfehler: Wissen Sie, was Sie vor zwei Wochen getan haben?* Spektrum. https://www.spektrum.de/news/erinnerungsfehler-wissen-sie-was-sie-an-dem-tag-getan-haben/1894276. Zugegriffen: 1. Dez. 2022.

Imhof, M. (2010). Zuhören lernen und lehren. Psychologische Grundlagen zur Beschreibung und Förderung von Zuhörkompetenzen in Schule und Unterricht. In V. Bernius & M. Imhof (Hrsg.), *Zuhörkompetenz in Unterricht und Schule: Beiträge aus Wissenschaft und Praxis ; mit 22 Tabellen* (S. 15–30). Vandenhoeck & Ruprecht.

Renkl, A. (2015). Wissenserwerb. In E. Wild & J. Möller (Hrsg.), *Pädagogische Psychologie* (S. 3–24). Springer. https://doi.org/10.1007/978-3-642-41291-21.

Richter, T., & Schnotz, W. (2018). Textverstehen. In D. H. Rost, J. R. Sparfeldt, & S. Buch (Hrsg.), *Handwörterbuch pädagogische Psychologie* (5., überarbeitete und erweiterte Aufl., S. 826–837). Beltz.

Zoelch, C., Berner, V.-D., & Thomas, J. (2019). Gedächtnis und Wissenserwerb. In D. Urhahne, M. Dresel, & F. Fischer (Hrsg.), *Psychologie für den Lehrberuf* (S. 23–52). Springer. https://doi.org/10.1007/978-3-662-55754-92.

3
Suchen Sie etwas Bestimmtes? – Umgang mit verschiedenen Texten zu einem Thema

Zusammenfassung In diesem Kapitel erfahren Sie, welche Schritte notwendig sind, um Informationen zu finden und zusammenzubringen. Dazu müssen Sie zuerst einmal nach Informationen suchen und ein konkretes Ziel für Ihre Suche bestimmen. Anschließend müssen Sie einschätzen, ob die gefundenen Informationen richtig und deren Quellen vertrauenswürdig sind. Im letzten Schritt müssen Sie die wichtigen Informationen aus verschiedenen Texten zu einem Thema inhaltlich zusammenführen, sodass für Sie ein schlüssiges Bild entsteht. Das ist (je nach Thema) keine leichte Aufgabe. Das Kapitel bietet Ihnen jedoch zu jedem Schritt der Suche passende Tipps und Hilfestellungen. Am Ende des Kapitels lernen Sie, welche Besonderheiten wissenschaftliche Informationen mit sich bringen und wie Sie mit widersprüchlichen Informationen umgehen können. Darüber hinaus erfahren Sie, welche Anforderungen Hyperlinks und nicht herkömmliche Textsorten an Sie stellen.

Nehmen wir an, Sie suchen eine Information im Internet. Ich gehe jetzt mal davon aus, dass es sich nicht um eine einfache Suchanfrage handelt. Leicht zu finden sind beispielsweise die Geburtsdaten historischer Persönlichkeiten oder die Namen von Hauptstädten. Es geht auch nicht um eine Frage des persönlichen Geschmacks, wie bei der Suche nach einem schönen neuen Pullover. Es geht um komplexere Fragen, wie beispielsweise: Welche Versicherungen brauche ich für mein neues Zuhause? Wie kann ich am besten mein Gewicht reduzieren? Wie sorge ich am besten finanziell für mein Alter vor? Was kann ich zum Umweltschutz beitragen? Wie gelingt das Familienleben mit Teenagern? Vielleicht kennen Sie diese oder ähnliche Fragen aus Ihrem Alltag.

Bei den eben genannten Fragen sind die Antworten meist schwieriger zu finden als bei der einfachen Faktensuche. Sie werden vermutlich verschiedene Internetseiten aufsuchen und Informationen aus verschiedenen Quellen auswählen und lesen. Am Ende fügen Sie die Informationen zu einer Antwort zusammen, die für Sie passend ist. Keine einfache Aufgabe, vor allem wenn Sie auf diesem Gebiet fachfremd sind. Vermutlich treffen Sie bei Ihrer Suche auf unbekannte Fachworte, widersprüchliche Aussagen, sich wiederholende Informationen, Expert*innen-Aussagen, Meinungen und Fakten. Bis Sie das alles gelesen und sortiert haben, kann es eine Weile dauern. Doch letztendlich sind Sie auf die Informationen angewiesen, um eine gute Entscheidung zu treffen.

3 Suchen Sie etwas Bestimmtes? – Umgang mit ...

3.1 Warum ist der Umgang mit verschiedenen Texten zu einem Thema so schwierig?

Eine Informationssuche im Internet führt meist dazu, dass Sie mehrere Seiten aufsuchen und Informationen zusammensammeln. Sie lesen also nicht mehr nur einen Text, so wie früher im Lexikon, sondern mehrere Texte. Jetzt könnte man schnell zum Schluss kommen: „Wer einen Text lesen kann, der kann auch mehrere Texte lesen. Das ist doch kein Problem." Doch so einfach ist es leider nicht. Es macht einen erheblichen Unterschied, ob Sie nur einen oder mehrere Texte lesen, wenn Sie deren Inhalte anschließend zusammenfassen. Der wichtigste Unterschied ist, dass Sie zwischen den verschiedenen Texten ein einheitliches Bild (Kohärenz) herstellen müssen. Wenn Sie nur einen Text lesen, wie beispielsweise in diesem Buch, dann helfe ich als Autorin Ihnen dabei, Kohärenz in meinem Text herzustellen. Mir liegt schließlich viel daran, dass Sie meinen Text verstehen. Daher nutze ich unter anderem Worte und Wortphrasen, um Sie auf gegensätzliche Argumente im Text aufmerksam zu machen, wie beispielsweise „Andererseits…", „Hingegen…", „Dazu im Widerspruch steht…". Damit wissen Sie als Leser*in: Achtung, jetzt kommt eine Gegenposition zu dem, was ich bisher gelesen habe. Ich leite Sie als Autorin durch meinen Text, damit Sie möglichst viel daraus mitnehmen können.

Wenn Sie hingegen Texte von verschiedenen Autor*innen lesen, werden diese sich nicht alle untereinander abgesprochen haben, bevor sie ihre Texte verfasst haben. Wenn Sie nun Kohärenz zwischen den Texten herstellen möchten, unterstützen Sie die verschiedenen Autor*innen nicht mehr dabei. Sie müssen die Arbeit selbst erledigen. Das bedeutet, Sie müssen selbstständig herausfinden, welche Informationen sich doppeln, teilweise überschneiden oder sogar widersprechen. Dies setzt jedoch voraus, dass Sie die Inhalte der bereits gelesenen Texte in Ihrem Arbeitsgedächtnis präsent halten. Das wiederum ist aufwendig, anstrengend und ab einer bestimmten Anzahl von Texten nicht mehr möglich. Stellen Sie sich vor, Sie lesen fünf Texte zu einem Thema im Internet und sollen anschließend eine kurze Zusammenfassung dazu schreiben. Wenn das Thema komplex ist und Sie keine Expertise besitzen, ist das eine aufwendige Arbeit. Hinzu kommt, dass diese Texte häufig noch Zitate von anderen Personen enthalten, zu denen die Autor*innen der Texte wiederum Stellung nehmen. Sie merken schon, die Sache kann ziemlich knifflig werden.

3.2 Ein kleines Modell

Verschiedene Forscher*innen haben sich in den letzten Jahren Gedanken gemacht, wie Menschen die Inhalte verschiedener Texte zu einem Thema verarbeiten. Dazu haben sie verschiedene Modelle und Annahmen formuliert, welche sie anschließend in wissenschaftlichen Studien überprüft haben. Ich werde Ihnen hier jedoch nicht all diese Modelle im Detail vorstellen. Die amerikanischen Forscherinnen Alexandra List und Patricia Alexander (List & Alexander, 2017) haben sich wichtige Modelle zu diesem Thema angesehen und herausgearbeitet, was diese gemeinsam haben. Heraus kam ein handliches „Meta-Modell", das wir uns kurz ansehen.

Im Mittelpunkt des Modells stehen Sie als Lerner*in bzw. Leser*in. Ich gehe davon aus, dass sich alle Leser*innen dieses Buches unterscheiden und jede*r seine/ihre Persönlichkeit mitbringt. Auf diese persönlichen Unterschiede komme ich im nächsten Kapitel noch einmal zurück. Sie als Leser*in sind umgeben von verschiedenen Texten, die Sie zu Ihrer Suchanfrage gefunden haben. Diese Texte sind inhaltlich miteinander verbunden und behandeln die gleichen oder ähnliche Themen. Das bedeutet, dass die Texte in Beziehung zueinander stehen. Wie Sie als Leser*in die Texte lesen, ist wiederum abhängig davon, welches Ziel oder welche Aufgabe Sie verfolgen. Suchen Sie nur aus Interesse oder müssen Sie aufgrund der Informationen zügig eine wichtige Entscheidung fällen? Das kann bereits einen großen Unterschied machen. Hinzu kommt, dass das Ganze in einem Kontext stattfindet, beispielsweise zu einer bestimmten Zeit, an einem bestimmten Ort oder zu einer bestimmten Gelegenheit.

Nehmen wir an, Sie möchten einen Städtetrip für ein verlängertes Wochenende planen. Sie bringen eventuell schon Vorwissen mit, da Sie die Stadt schon einmal besucht haben oder häufig Städtereisen unternehmen. Vielleicht haben Sie in den Medien oder von Bekannten schon einiges über die Stadt gehört. Sie suchen im Internet nach einem schönen Hotel und finden dazu verschiedene Texte, wie Informationen von Buchungsseiten, Reiseblogger*innen oder Beiträge in Zeitschriften. Das bedeutet, dass Sie schon zu einem Hotel in dieser Stadt verschiedene Texte aus verschiedenen Perspektiven finden können. Während ein Text anmerkt, dass das Hotel in der Nähe von Sehenswürdigkeiten liegt, kritisiert ein Reiseblogger das Frühstücksbuffet. Einigen Hotelgästen auf der Buchungsseite war es nachts zu laut, da das Hotel an einer vielbefahrenden Straße liegt. Andere lobten den netten Service des Hotels. Alle diese Texte stehen somit in Verbindung, da sie sich auf dasselbe Hotel beziehen. Nun ist es jedoch abhängig von Ihrem Ziel, wie Sie die einzelnen Punkte zum Hotel bewerten. Möchten Sie lieber schnell bei den Sehenswürdigkeiten sein und nehmen daher auch etwas mehr Stadtlärm in Kauf? Ist Ihnen ein Frühstücksbuffet wichtig oder frühstücken Sie sowieso lieber außerhalb des Hotels oder vielleicht gar nicht? Haben Sie noch viel Zeit bis zur Reise und können sich daher in Ruhe umsehen, ob eventuell noch ein anderes Hotel in Frage kommt? Oder drängt die Zeit, da es sich um ein beliebtes Wochenende mit Feiertag handelt und schon viele Hotels ausgebucht sind? Gibt es vielleicht nur noch bis morgen einen guten Rabatt bei der Buchung der Zimmer? Dieser Kontext wird ebenfalls Ihre Suche und Ihre Entscheidung beeinflussen, ob Sie das Hotel buchen oder nicht.

3.3 Wie suchen Sie nach Informationen im Internet?

Wie gehen Sie genau vor, wenn Sie im Internet nach Informationen suchen? Denken Sie kurz darüber nach, auch wenn die Frage vermutlich gar nicht so leicht zu beantworten ist. Da ich Ihr Suchverhalten nicht kenne (und Ihnen auch nichts unterstellen möchte), sehen wir uns an dieser Stelle Ergebnisse aus der Forschung an. Denn auch einige Wissenschaftler*innen wollten wissen, wie Menschen vorgehen, wenn sie im Internet nach Informationen suchen.

Herausgefunden haben sie, dass die Internetsuche meist ein sich schrittweise wiederholender Prozess ist. Dieser Vorgang teilt sich in die folgenden fünf Schritte (Kammerer et al., 2018): 1) Sie identifizieren und definieren das Ziel Ihrer Suche. Dabei überlegen Sie auch, welche Stichworte Sie in die Suchmaschine eingeben wollen. 2) Sie suchen auf der Ergebnisseite der Suchmaschine die Treffer heraus, die Sie sich genauer ansehen wollen und bewerten diese. 3) Sie überfliegen die Inhalte der ausgewählten Trefferseiten und bewerten deren Inhalte oberflächlich. 4) Sie lesen die Inhalte der Trefferseite gründlicher und filtern die Inhalte heraus, die für Sie nützlich sind. 5) Sie vergleichen und verbinden die gefundenen Informationen aus verschiedenen Trefferseiten und leiten daraus Ihre persönliche Antwort auf Ihre ursprüngliche Frage ab. Da es sich dabei jedoch um einen schrittweise wiederholenden Prozess handelt, kann es sein, dass Sie die fünf Schritte mehrmals durchlaufen müssen. Vielleicht können Sie aufgrund der ersten Suchrunde nur einen Teil Ihrer Frage beantworten oder haben dabei neue Begriffe gefunden, mit denen Sie nun noch spezifischer suchen können.

Möglicherweise erscheinen Ihnen die Schritte vollkommen logisch und Sie hätten sie genauso genannt, wenn man Sie gefragt hätte. Doch hinter jedem einzelnen Schritt stecken nochmal eine Menge Wissen und auch Stolperfallen. Daher sehen wir uns die Schritte noch etwas genauer an. Wir fassen dabei die letzten beiden inhaltlich zusammen und es verbleiben die folgenden vier Schritte (Stadtler et al., 2014):

1. Das Ziel der Suche
2. Die Selektion (Auswahl) von Informationen
3. Die Evaluation (Bewertung) der Informationen
4. Die Integration (Zusammenführung) von Informationen

Wichtig ist, dass diese Schritte nicht immer genau voneinander abzugrenzen sind, sondern ineinander übergehen können. Auch die Reihenfolge kann variieren. Vielleicht suchen Sie nach einem bestimmten Begriff und merken schnell, dass Sie den falschen Begriff verwendet haben und eigentlich etwas anderes wissen wollten. Das bedeutet, Sie gehen zurück auf Start, nutzen den neuen Begriff und suchen erneut. Es kann auch passieren, dass Sie erst bei der

Zusammenführung der Informationen bemerken, dass noch Informationen fehlen und Sie nochmals suchen müssen.

Eigentlich erscheint die Suche nach Informationen kinderleicht und bei vielen (meist einfachen) Anfragen klappt es tadellos. Daher fühlt man sich bei der Informationssuche meist sehr sicher. Doch plötzlich braucht man dringend eine wichtige Antwort und könnte schlichtweg verzweifeln. Daher möchte ich Sie dazu auffordern, sich selbst kritisch auf die Finger zu sehen, wenn Sie nach Informationen suchen. Auch zwischen Wissen und Anwendung liegt häufig ein langer Weg. Gerade wenn Sie ein neues Vorgehen ausprobieren, kann es sein, dass dieses erst einmal viel länger dauert, da Sie darin noch nicht geübt sind. Ob es sich lohnt, können Sie häufig erst nach einiger Zeit und Anwendung beurteilen.

Doch jetzt noch mal von Anfang an. Beginnen wir damit, wie wir das Ziel einer Suche formulieren.

3.3.1 Das Ziel der Suche

Noch bevor Sie Ihre Anfrage in eine Suchmaschine eingeben, beginnt die Arbeit bereits in Ihrem Kopf. Sie haben eine Frage formuliert und sich überlegt, wonach Sie suchen möchten. Sie haben ein Ziel. (Natürlich kann man sich im Internet auch ohne Fragen umhertreiben lassen und von einem Thema zum nächsten stolpern, doch das ist nicht das Thema dieses Buches.) Es geht darum, dass Sie ein konkretes Anliegen haben. Dieses kann sich natürlich während der Suche verändern oder verfeinern. Meist beginnt es mit einer scheinbar harmlosen Frage, die immer mehr Fragen und Themen nach sich zieht. (Erinnern Sie sich an das Beispiel mit der Trinkflasche aus dem ersten Kapitel.) Meist hat man schon nach kurzer Zeit das Gefühl, dass man zum gewählten Thema auch eine

Abschlussarbeit verfassen könnte, da so viele verschiedene Informationen verfügbar sind. Darüber hinaus sollten Sie Ihre Ressourcen überdenken (Stadtler et al., 2014). Wie viel Zeit steht Ihnen für die Suche zur Verfügung? Haben Sie viel Zeit und wollen sich tief in ein Thema einlesen? Ist Ihr Zeitbudget eingeschränkt und Sie brauchen ein schnelles Ergebnis? Daran schließt sich auch die Frage an, wo Sie suchen möchten. Welche Möglichkeiten haben Sie? Haben Sie Zugang zu Fachbüchern oder Zeitschriften zum Thema? Recherchieren Sie einfach überall im Internet mithilfe einer Suchmaschine? Stehen Sie in einer Universitätsbibliothek und möchten sich dort Fachliteratur ansehen?

Lassen Sie uns noch einen kleinen Exkurs zum Thema Ziele unternehmen. Die Psychologie hat dazu ein paar hilfreiche Informationen zu bieten. Zum einen sollten Sie wissen, dass Ziele Sie motivieren können. Motivation bedeutet wortwörtlich, dass Sie sich auf etwas zu bewegen. Das klappt am besten, wenn Sie wissen, wohin Sie sich bewegen wollen – sprich, ein Ziel vor Augen haben. Selbst wenn Sie ein Thema recherchieren müssen, das wenig Freude in Ihnen auslöst, können konkrete Ziele Sie unterstützen. Nutzen Sie dazu beispielsweise die **SMART-Formel** (Grassinger et al., 2019). Formulieren Sie Ihr Ziel spezifisch, messbar, akzeptabel, realistisch und terminiert (daraus entsteht das Akronym SMART).

Dazu ein Beispiel

Ohne SMART-Formel: „Ich muss mal nach neuen Reifen im Internet gucken." Mit SMART-Formel: „Am Dienstagabend suche ich drei bis fünf aktuelle Testberichte zu passenden Reifen und erstelle eine Top 3-Liste. Dafür nehme ich mir eineinhalb Stunden Zeit. Vorher frage ich dazu Freunde, die verschiedene Autozeitschriften abonniert haben."

Ich hoffe, Sie bemerken den Unterschied zwischen den zwei Zielformulierungen. Mit der SMART-Formel haben Sie Ihr Ziel wesentlich klarer definiert. Es hat nun einen konkreten Termin und zeitlichen Umfang. Sie wissen, was und wie viel Sie erarbeiten wollen. Dabei achten Sie darauf, dass Sie das Ziel auch bewältigen können. Nach den eingesetzten eineinhalb Stunden können Sie sogar nachprüfen, ob Sie es tatsächlich geschafft haben, die geplante Anzahl an Testberichten zu sichten und eine Liste mit Ihren Favoriten zu erstellen. Sie sind sogar noch über die Formel hinausgegangen und haben sich überlegt, welche Ressourcen Sie neben dem Internet noch nutzen können, indem Sie Freunde nach aktuellen Zeitschriftenartikeln fragen. Die Formel funktioniert übrigens nicht nur bei der Informationssuche, sondern in erstaunlich vielen Lebenslagen, in denen man sich Ziele setzen möchte.

> **Tipps zur besseren Suche im Internet**
> - **Notieren Sie sich Ihr Ziel.** Bei der Recherche lauern meist viele interessante Themen. Plötzlich ist die ohnehin schon knappe Zeit vorüber und Sie sind bei einem ganz anderen Thema gelandet als ursprünglich geplant. Nutzen Sie die SMART-Formel zur Zielsetzung.
> - **Notieren Sie sich Suchbegriffe und fügen Sie weitere hinzu.** Gerade bei unbekannten Themen kann es helfen, Begriffe oder auch Fachwörter zu notieren. Während Ihrer Suche kommen meist noch weitere hinzu. So behalten Sie den Überblick. Gleiches gilt, wenn Sie in mehr als einer Sprache suchen. Notieren Sie sich Begriffe und Fachwörter in beiden Sprachen nebeneinander.
> - **Nutzen Sie Operatoren.** Auch wenn das für Sie wie das kleine Einmaleins der Internetsuche klingt, sind diese Operatoren nach wie vor nützlich. Wenn Sie beispielsweise nach festen Wortgruppen suchen, nutzen Sie Anführungszeichen (z. B. „Wort1 Wort2"). Wenn Sie Wörter aus der Suche ausschließen möchten, verwenden Sie das Minus-Zeichen (z. B. -Wort3).

- **Behalten Sie Ihre Ressourcen im Blick.** Überlegen Sie schon vor der Suche, welche Ressourcen (Zeit, Medien, Personen) Ihnen zur Verfügung stehen. Manchmal ist eine Internetrecherche zwar der einfachste Weg (vom Sofa aus), aber nicht immer der effektivste.

Falls Sie all die genannten Tipps bereits kannten, sollten Sie sich trotzdem kurz Zeit nehmen, um über Ihr Suchverhalten nachzudenken. Oft schleichen sich dabei Routinen ein, die nicht hilfreich sind; neue Gewohnheiten etablieren sich hingegen nur schwer. Häufig denkt man nur über die Inhalte der Suche nach, jedoch nicht über die angewendeten Strategien.

3.3.2 Die Selektion von Informationen

Jetzt startet die Recherchearbeit. Sie haben Ihr Ziel fest vor Augen und haben die ersten Begriffe in eine Internetsuchmaschine eingegeben. Schon erscheint eine Trefferliste mit unzähligen Links. Je nach Suchbegriff können es wenige oder auch Milliarden von Treffern sein. Unwahrscheinlich, dass Sie alle angebotenen Seiten vollständig lesen möchten. Sie müssen demnach eine Auswahl treffen.

Um Informationen auszuwählen, brauchen Sie als erstes die nachfolgenden grundlegenden Kompetenzen (Stadtler et al., 2014):

- eine primäre Lesefähigkeit (die Sie als Leser*in des Buches vermutlich besitzen).
- Vorwissen – je mehr desto besser. Dieses kann sowohl fachliches Vorwissen sein als auch allgemeines Vorwissen über die Welt (dazu mehr in Kap. 4).

- Wissen, wie Texte aufgebaut und organisiert sind. Sie kennen die Bedeutung einer Überschrift, eines Absatzes oder von Anführungszeichen.

Nachdem die Grundvoraussetzungen geklärt sind, gehen wir zu den eigentlichen Anforderungen bei der Informationsauswahl über. Diese bestehen aus drei Schritten (Stadtler et al., 2014):

Schritt 1: Was weiß ich schon? Bevor Sie sich jetzt in die Informationen und Texte stürzen, ist es ratsam, kurz innezuhalten und zu überlegen, was Sie bereits über das Thema wissen. Nehmen Sie sich einfach ein leeres Blatt und erstellen Sie eine kleine Übersicht. Vermutlich werden Sie Ihre Frage nicht vollständig anhand Ihres Vorwissens beantworten können. (Sonst müssten Sie ja nicht suchen und hätten viel Zeit gespart.) Sie brauchen also weitere Informationen und Texte.

Schritt 2: Passt das Gefundene zu meinem Ziel? Wunderbar, Sie haben Informationen bei Ihrer Recherche gefunden. Doch meist wird diese Freude schnell getrübt, da es im Internet meist zu viele Suchergebnisse gibt. Sie können jetzt unmöglich alles lesen, was Sie zu diesem Thema gefunden haben. Manche sehnen sich jetzt in eine Zeit zurück, als es nur einen Lexikoneintrag gab. Diesen konnte man vollständig lesen und dann war es gut. Mehr gab es nicht zu wissen. Doch heutzutage geben Sie einen Suchbegriff im Internet ein und die Ergebnisse überrollen Sie. Das bedeutet aber gleichzeitig, dass Sie die Texte auswählen müssen, mit denen Sie sich näher beschäftigen möchten. Doch wonach wählen Sie diese nun aus? Anhand der Position auf der Trefferseite? Der Überschrift? Der Quelle (z. B. wenn ein Artikel in einer bestimmten

Onlinezeitung erschienen ist)? Überfliegen Sie die Texte schnell? Oder lesen Sie alles gleich ganz ausführlich?
Schritt 3: Genug gesucht?! Irgendwann müssen Sie entscheiden, ob Sie Ihre Suche beenden wollen. Sie können dann entweder Ihre ursprüngliche Frage beantworten und haben Ihr Ziel erreicht oder aber es fehlen Aspekte und Sie müssen weitersuchen. Möglicherweise haben Sie auch eine Antwort gefunden, sind sich jedoch nicht sicher, ob es nicht noch eine bessere gäbe. Ob Sie genug gesucht und ausgewählt haben, ist somit nicht immer einfach zu entscheiden. Vielleicht suchen Sie auch zu einem späteren Zeitpunkt noch einmal.

Um zu wissen, wann Sie genug gesucht haben und Ihr Ziel erreicht haben, brauchen Sie selbstregulatorische und metakognitive Fähigkeiten (dazu mehr in Kap. 4). Während Ihnen zu Schulzeiten Lehrer*innen Rückmeldung darüber gegeben haben, ob Sie Aufgaben umfassend oder richtig bearbeitet haben, erhalten Sie diesen Service nun nicht mehr. Sie sind auf sich gestellt und müssen somit die Rolle von Lehrer*in und Schüler*in gleichermaßen übernehmen. Das bedeutet, Sie müssen Informationen auswählen und gleichzeitig beurteilen, ob Sie das gut gemacht und umfangreich genug gesucht haben.
Die Probleme der Informationssuche und -auswahl sind Ihnen jetzt vermutlich bewusster. Doch was können Sie tun, um Ihr Vorgehen zu verbessern?

3.3.2.1 Bildschirmgröße beachten

Schon die Bildschirmgröße hat Einfluss auf unser Suchverhalten im Internet (Kammerer et al., 2018). Wenn Sie beispielsweise auf Ihrem Smartphonebildschirm suchen, sehen Sie weniger Treffer auf einer Ergebnisseite als bei der Suche auf einem Laptop oder Desktop-Computer. Das ist besonders interessant, wenn Suchmaschinen Anzeigen oder bezahlte Werbung als erste Treffer anzeigen und nicht die Treffer, die für die Anfrage am relevantesten sind. Somit ist eine Suche auf einem kleinen Bildschirm schwieriger als auf einem großen, da Sie einfach einen schlechteren Überblick über die Treffer erhalten.

Den traurigen Höhepunkt erreicht die Qualität der Suche, wenn Sie mithilfe eines digitalen Sprachassistenten suchen (z. B. in Kombination mit einem Lautsprecher). Dann erhalten Sie genau eine Antwort auf Ihre Frage, die durch einen Algorithmus der Suchmaschine ausgesucht wird. Bei dieser Suche haben Sie also keinen Überblick über weitere Suchergebnisse.

3.3.2.2 Seitenweise lesen oder durch den Text scrollen?

Ist es nicht egal, ob der Text fest auf einer Seite steht und ich von Seite zu Seite „blättere" oder ob ich durch den Text scrolle? Diese Frage ist wissenschaftlich noch nicht abschließend geklärt. Es gibt jedoch Hinweise darauf, dass es einen Unterschied geben könnte, wenn man eine kognitive Landkarte vom Text erstellt (Haverkamp et al., 2022). Wenn Sie lesen und mit (Sach-)Texten arbeiten (z. B. Argumente herausarbeiten), ist nicht nur der Inhalt wichtig, sondern auch, wo eine Information zu finden ist. Sie orientieren sich im Text wie in einem Gelände und erstellen eine innere Landkarte des Textes. Wenn Sie anschließend bestimmte Textstellen noch einmal aufsuchen wollen, erinnern Sie sich nicht nur an die Information, sondern auch daran, wo diese im Text stand (z. B. am Anfang des Textes, oben links am Ende des ersten Abschnitts). Das kann dabei helfen, die Struktur und den Inhalt des Textes zu verstehen. Viele Leser*innen sind diese Art der Textpräsentation von ausgedruckten Texten und Büchern bereits gewöhnt.

Beim Scrollen gibt es hingegen keine Seitenübergänge. Der Text wird Ihnen in einem Fluss angezeigt. Die genaue Orientierung im Text ist dabei jedoch komplizierter. Eine Ortsangabe wie „unten links auf der Seite" entfällt. Damit wird es auch schwieriger, bestimmte Textstellen wiederzufinden, und möglicherweise auch, den Text zu verstehen – das fällt umso mehr ins Gewicht, je länger der Text ist.

3.3.2.3 Passt die Antwort zu meiner Frage?

Sie haben Ihre Suchbegriffe in die Suchmaschine eingegeben und die Trefferseite erscheint. Was tun Sie als nächstes? Den ersten Treffer anklicken und lesen? Mit diesem Vorgehen wären Sie nicht allein und dies wird in der Fachsprache auch als Top-Link-Heuristik (Heuristik ist eine Art Daumenregel) bezeichnet. Ganz nach dem Motto: Platz 1 kann nur das beste Ergebnis sein. Forschungsergebnisse, unter anderem von Ladislao Salmerón und Yvonne Kammerer, zeigen, dass vor allem Personen mit wenig thematischem Vorwissen dazu neigen, sich auf die ersten Treffer der Suchmaschine zu fokussieren und diese genauer zu lesen. Dabei war es jedoch erstaunlicherweise egal, ob diese Seiten genau zur Suchanfrage passten oder nicht (Kammerer et al., 2018). Selbst als die Forschergruppe den Teilnehmer*innen die Ergebnisse in umgekehrter Reihenfolge auf der Trefferseite präsentierten, wählten diese zuerst den ersten Treffer aus (Salmerón et al., 2013).

Sie wissen jedoch sicher, dass die Suchmaschine Sie und Ihre Anfrage nicht persönlich kennt, sondern ein Algorithmus dahintersteckt, der das Internet durchsucht. Ob die Ergebnisse wirklich zu Ihrer Fragestellung passen, sollten Sie selbst bewerten und nicht der Suchmaschine überlassen. Zugegebenermaßen arbeiten die Suchmaschinen meist recht ordentlich und man erhält meist passende Treffer – daran gewöhnt man sich schnell und denkt gar nicht weiter darüber nach. Doch letztlich entscheiden Sie, mit welcher Suchmaschine Sie suchen, welche Suchbegriffe Sie auswählen und welche Treffer Sie sich genauer ansehen.

3.3.2.4 Etwas mehr Zurückhaltung beim Klicken, bitte

Wenn Sie schon etwas Lebenserfahrung besitzen, wissen Sie vermutlich, dass das Erste nicht immer das Beste ist. Manchmal sollte man sich erst etwas umsehen und dann entscheiden. Wenn Sie beispielsweise ein Auto kaufen möchten, gehen Sie vermutlich nicht in ein Autohaus und setzen sich in das erstbeste Auto im Verkaufsraum. Sie lassen sich auch nicht ausführlich vom Verkaufsteam zu diesem Auto beraten, bis Sie schlussendlich bemerken, dass das Modell nicht Ihrem Budget oder Ihren Vorstellungen entspricht. Das wäre pure Zeitverschwendung, da Sie so Ihrem Ziel – ein Auto für Ihre Bedürfnisse und Ihr Budget zu finden – keinen Schritt näher kommen. Besser wäre es, sich zuerst geduldig einen Überblick zu verschaffen, bevor Sie sich ausführlich beraten lassen. Das gleiche gilt, wenn Sie Informationen auf Trefferseiten im Internet auswählen.

Die History Education Group der Universität Standford (Stanford History Education Group, o. J.) entwickelte zu diesem Thema das Online Programm COR (Civic Online Reasoning). Das Programm vermittelt Schüler*innen und Lehrer*innen, wie man im Internet nach Informationen sucht. Zum Punkt Informationsaus-

3 Suchen Sie etwas Bestimmtes? – Umgang mit ...

wahl schlägt das Programm eine Technik namens „Click Restraint" (dt. Zurückhaltung beim Klicken) vor, die auch professionelle Faktenchecker*innen anwenden.

Das dahinterliegende Problem ist, dass unser Gehirn Neues liebt und sehr schnell darauf reagiert. Diese Strategie war über Jahrtausende überlebensnotwendig für uns. Denn es ist ratsam, schnell auf das Rascheln im Busch zu reagieren, wenn man in der freien Natur steht. Es könnte ein Raubtier sein, das einen angreifen will. Doch diese Liebe für alles Neue wird auch im Internet bedient. Das Internet ist stets auf dem neusten Stand und auf sozialen Medien gibt es sekündlich neue Beiträge. So kommt nie Langeweile auf, unser Gehirn freut sich und sendet belohnende Botenstoffe aus – jedoch in einem sehr viel größeren Ausmaß als all die Jahrtausende zuvor. Wir lieben Neues und haben gelernt, dass das Neueste im Internet immer ganz oben auf der Seite steht.

Auch bei Suchmaschinen möchten alle mit der eigenen Webseite auf der Trefferliste ganz oben stehen, denn viele Menschen lesen nur wenige Treffer und klicken auf den Erstbesten. Es gibt dicke Handbücher und massenweise Informationen dazu, wie man seine Webseite so gestaltet, dass sie möglichst weit oben auf der Trefferliste steht (Stichwort: SEO (Search Engine Optimization), dt. Suchmaschinenoptimierung). Auch die Zeit ist ein wichtiger Faktor. Schließlich ist es bei den meisten Anfragen in einer Suchmaschine unmöglich, alle Treffer anzusehen, geschweige denn zu lesen. Das bedeutet, dass Sie und alle anderen Internetnutzer*innen Treffer auswählen müssen. Wieso dann nicht oben anfangen und sich durcharbeiten? Wieso nicht den erstbesten Hyperlink auswählen? Dieser steht ganz oben und ist vermutlich der neuste, beste, relevanteste oder der am häufigsten gelesene. Das kann der Fall sein. Leider ist es je nach Suchmaschine jedoch bezahlte Werbung, die Ihnen zuerst angezeigt wird. Oder eben Webseiten, die speziell für die Suchmaschine optimiert wurden. Die Suchmaschinenbetreiber versuchen natürlich mit komplizierten Algorithmen dem entgegenzuwirken, verkaufen aber auch Werbeanzeigen. Deshalb nochmal zur Erinnerung: Letztlich sind Sie dafür verantwortlich, worauf Sie klicken, was Sie auswählen und lesen.

Daher schlägt das COR-Programm der Universität Standford vor: Klicken Sie nicht sofort auf den erstbesten Treffer, sondern verschaffen Sie sich einen Überblick auf der Trefferseite. Lesen Sie die Überschriften und die dazugehörigen kurzen Informationen darunter. So bekommen Sie einen ersten Eindruck vom Treffer, ohne ihn gleich aufzurufen. Achten Sie vor allem auf die angegebenen Namen der Internetseite (URL). Diese geben Ihnen erste Hinweise zur Quelle der Informationen. Damit können Sie schnell vorsortieren, ob es sich um Nachrichten einer großen Tageszeitung oder um Informationen eines Unternehmens handelt.

Wenn Sie anschließend einzelne Treffer auswählen, öffnen Sie diese in einem neuen Tab bzw. Reiter in Ihrem Internet-Browser. So können Sie jederzeit schnell zwischen verschiedenen Seiten wechseln oder zur Ergebnisseite zurückkehren, um weitere Treffer auszuwählen. Dieses Vorgehen ist natürlich unübersichtlicher, wenn Sie auf einem Smartphone-Bildschirm suchen, bei dem Sie nicht alle Tabs gleichzeitig sehen können.

> **Tipps zur Auswahl von Informationen**
>
> - **Ziel im Blick behalten:** Schreiben Sie sich Ihr Ziel am besten auf und überprüfen Sie regelmäßig, ob Sie noch auf dem richtigen Weg sind. So können Sie auch feststellen, ob gefundene Artikel zwar sehr informativ sind, jedoch inhaltlich gar nicht zu Ihrem Ziel passen.
> - **Bildschirmgröße beachten:** Suchen Sie lieber auf einem größeren Bildschirm anstatt auf Ihrem Smart-

phone. So erhalten Sie eine bessere Übersicht über die angezeigten Treffer.
- **Zurückhaltung beim Klicken:** Folgen Sie nicht dem erstbesten Treffer, sondern verschaffen Sie sich erst einen Überblick auf den Trefferseiten.
- **In neuem Tab öffnen:** Wenn Sie Treffer ausgewählt haben, öffnen Sie diese für eine bessere Übersicht in einem neuen Tab. So kommen Sie auch schnell wieder zur Trefferseite zurück.
- **Nach Schlüsselwörtern suchen:** Den gesamten Text zu lesen und dann festzustellen, dass es eigentlich um ein anderes Thema geht, ist ärgerlich und reine Zeitverschwendung. Suchen Sie stattdessen nach Schlüsselwörtern im Text, um zu prüfen, ob diese überhaupt darin vorkommen. Dazu nutzen Sie die Kombination STRG + F auf der Tastatur und können damit digitale Texte durchsuchen. Im Smartphone-Browser gibt es ebenfalls die Möglichkeit, nach Begriffen zu suchen.
- **Alternative zum Scrollen:** Wenn Sie längere Texte nicht als Text zum Scrollen lesen möchten, können Sie diese in ein Textverarbeitungsprogramm mit Seitenansicht kopieren oder in ein PDF-Dokument umwandeln, welches ebenfalls feste Seitenansichten enthält.

3.3.3 Die Evaluation von Informationen

Sie haben die ersten Schritte geschafft: Sie haben ein Ziel formuliert und Sie haben sich auf der Ergebnisseite vielversprechende Treffer ausgesucht, die Sie sich genauer ansehen möchten. Wie geht es jetzt weiter? Sie lesen die Informationen und stellen sich vielleicht die Frage, ob die gefundenen Informationen glaubhaft sind. Natürlich ist es vom Ziel Ihrer Suche abhängig, ob sich diese Frage überhaupt stellt. An dieser Stelle nehmen wir an, Sie suchen beispielsweise nach wissenschaftlichen, gesellschaftlichen oder medizinischen Informationen. Doch wie können Sie beurteilen, ob die gefundenen Informationen inhaltlich korrekt sind?

Der Psychologe und Forscher Marc Stadtler und Kollegen (Stadtler et al., 2014) von der Universität Münster schlagen zwei mögliche Herangehensweisen vor, wie Sie diese Frage angehen können:

1. Sie können die Informationen auf der Webseite mit Ihrem **Vorwissen** zum Thema abgleichen. Sie stellen sich also die Fragen „Was weiß ich bereits über dieses Thema?" und „Passen die neuen Informationen zu meinem bestehenden Wissen?" Sie bewerten damit die Aussagen und Argumente selbstständig und denken kritisch über diese nach.
2. Wenn Sie kein Vorwissen zum Thema haben, können Sie die Inhalte der Webseite nicht beurteilen. (Vermutlich ist die Wissenslücke ja gerade der Grund für Ihre Suche.) Sie benötigen also eine andere Strategie. Sie können in diesem Fall die gefundenen Informationen anhand der **Quellenmerkmale** bewerten und sich fragen „Wer ist der/die Autor*in des Dokuments, der Webseite oder des Artikels?", „Welche Absichten und Expertise hat der/die Autor*in?" oder „Zu welchem Genre gehört der Artikel?". Das bedeutet, Sie bewerten nicht die inhaltlichen Aussagen des Textes, sondern die Rahmenbedingungen, unter denen er entstanden ist.

Während Sie also beim ersten Punkt selbst den Inhalt der gefundenen Informationen beurteilen („Was ist wahr?"), bewerten Sie unter der zweiten Herangehensweise die Quellenmerkmale („Wem kann ich vertrauen?").

Doch wie viel Vorwissen ist eigentlich genug, um einen Sachverhalt zu beurteilen (Stichwort: gefährliches Halbwissen)? Viele Lerner*innen werden beispielsweise in der

Schule immer wieder dazu aufgefordert, eigenständig über Sachverhalte und Themen nachzudenken. Das ist prinzipiell eine gute Idee. Doch was passiert, wenn ich nichts oder nur sehr wenig über ein Thema weiß? Viele alltägliche und gesellschaftliche Fragen sind so komplex, dass einfaches Nachdenken ohne Fachwissen meist nicht zu einer soliden Lösung führt. Zwar kann man sich eine Erklärung aus seinem Halbwissen zusammenschustern, doch ist diese wirklich tragfähig? Sie können beispielsweise Ihrer Versicherung nicht einfach erklären, dass Sie die richtige Versicherung mit der passenden Deckungssumme ausgewählt haben, obwohl das nicht den Tatsachen entspricht. Vielleicht haben Sie lange kritisch darüber nachgedacht, doch es fehlte Ihnen schlichtweg an Fachwissen. Eine Beratung durch eine*n Experten*in wäre dabei sicher sinnvoller gewesen.

3.3.3.1 Alles ganz easy?

Einfach formulierte Texte können bereits dazu führen, dass fachfremde Leser*innen das eigene Wissen überschätzen. Diesen sogenannten Easiness-Effekt haben Lisa Scharrer und Kolleg*innen (Scharrer et al., 2017) von der Universität Münster in verschiedenen Studien untersucht. Grund für diesen Effekt ist, dass komplexe Forschungsthemen für ein breites öffentliches Publikum häufig vereinfacht dargestellt werden. Leser*innen können den Text somit flüssig lesen und verstehen. Das führt jedoch dazu, dass sie den Inhalten auch eher zustimmen als bei einem Fachartikel. Darüber hinaus vertrauen sie ihrem eigenen Urteilsvermögen zu dem Thema stärker und haben weniger das Bedürfnis, eine Expert*innenmeinung einzuholen.

In ihrem Experiment untersuchten Lisa Scharrer und Kolleg*innen 73 Erwachsene mit verschiedenen Bildungsabschlüssen, die keine beruflichen Vorerfahrungen im Bereich Medizin, Gesundheitswesen oder Pharmazie besaßen. Die Teilnehmer*innen erhielten jeweils vier Texte zu verschiedenen Gesundheitsthemen, wovon sich zwei an eine Fachfremde- und zwei an eine Expert*innen-Leserschaft richteten. Die Quelleninformationen waren jedoch für die Teilnehmer*innen nicht zu erkennen. Vor und nach dem Lesen jedes Textes wurden die Teilnehmer*innen befragt, wie sehr sie den Aussagen des Textes zustimmen. Zusätzlich beurteilten sie anhand der folgenden drei Aussagen, wie sicher sie sich in ihrer Einschätzung waren:

1. „Basierend auf meinem aktuellen Wissensstand zu diesem Thema, traue ich mir zu, einzuschätzen, ob die Aussage zum Thema richtig ist.
2. Ich glaube zwar nicht, dass mein aktuelles Wissen zum Thema ausreicht, um die Frage dazu zu beantworten. Doch ich glaube, ich kann die Frage beantworten, wenn ich mehr Informationen dazu gelesen habe.
3. Ich glaube nicht, dass mein aktuelles Wissen ausreicht, um die Aussage zum Thema zu beurteilen. Ich fühle mich auch nicht kompetent genug, die Aussage zu beurteilen, nachdem ich weitere Informationen dazu gelesen habe. Ich würde lieber eine*n Expert*in zum Thema befragen und ihn/sie beurteilen lassen, ob die Aussage korrekt ist (übersetzt; Scharrer et al., 2017, S. 1010)."

Zusätzlich schätzten die Teilnehmer*innen ein, wie komplex und wie widersprüchlich sie das Thema sahen. Die Ergebnisse der Untersuchung untermauerten den Easiness-Effekt. Einfach formulierte Artikel für eine fachfremde Leserschaft verleiteten die Teilnehmer*innen dazu, den Inhalten und Behauptungen mehr zuzustimmen als das bei Fachartikeln der Fall war. Anderseits beurteilten

3 Suchen Sie etwas Bestimmtes? – Umgang mit ...

die Teilnehmer*innen die einfach formulierten Artikel nicht glaubwürdiger als die Fachartikel. Dieses Ergebnis zeigte sich schon in anderen Forschungsarbeiten und bedeutet, dass Menschen unterscheiden, was sie für offiziell oder wissenschaftlich glaubwürdig halten und was sie persönlich als wahr einschätzen. Das Lesen von einfach formulierten Texten führte jedoch nicht dazu, dass die Teilnehmer*innen das Thema als weniger komplex oder weniger widersprüchlich einschätzten.

Das ist natürlich ein heikles Forschungsergebnis, um es in einem Sachbuch zu präsentieren, in dem wissenschaftliche Studien, Modelle und Ergebnisse vereinfacht darstellt werden. Doch aus den Ergebnissen zu schlussfolgern, dass man Wissenschaft nicht mehr für ein größeres Publikum kommunizieren sollte, ist auch keine Lösung. Schließlich brauchen auch fachfremde Personen wissenschaftliche Informationen, um informierte Entscheidungen zu treffen. Was kann man also tun, um den Easiness-Effekt abzumildern? Zum einen sollten alle, die Wissenschaft kommunizieren, darauf achten, die Komplexität und auch Widersprüchlichkeiten von Forschung aufzuzeigen. Doch auch Sie als Leser*in können vorsichtig sein, wenn Sie zu simple Antworten auf komplexe (Forschungs-)Themen erhalten. Forscher*innen beginnen ihre Antworten daher häufig mit „Es kommt darauf an…" oder „Ja und nein…". So klar wie Journalist*innen die Fragen stellen, lassen diese sich aus Sicht der Forscher*innen meist nicht beantworten. Doch auch eine kurze Selbsteinschätzung könnte weiterhelfen: Glauben Sie wirklich, dass Sie nach der kurzen Lektüre eines Zeitungsartikels Expert*in für ein Forschungsthema sind, hinter dem Jahrzehnte oder auch Jahrhunderte lange Forschung und bei Expert*innen eine umfangreiche Ausbildung stehen? Man hat Ihnen sehr anschaulich die wichtigsten oder neusten Erkenntnisse erklärt, doch wissen Sie nicht, auf welchen wichtigen

Modellen, Experimenten und Methoden diese beruhen. Sie haben lediglich eine kleine Teilspitze des Eisbergs gesehen.

3.3.3.2 Müssen wir uns auch die Quellenangaben ansehen? – Ja, immer!

Ein weiterer wichtiger Punkt ist, dass viele Menschen wissen, dass es Quellenangaben zu Texten gibt und dass sie diese auch beachten und einbeziehen sollten. Doch nur weil man etwas theoretisch weiß, bedeutet das noch nicht, dass man es auch tut.

Warum also ignorieren vor allem Jugendliche Quellenangaben von Internettexten? Dieser Frage sind Forscher*innen aus Deutschland und Frankreich (Paul et al., 2017) nachgegangen. Dazu interviewten sie 44 Neuntklässler*innen aus Frankreich und Deutschland. Diese bearbeiteten zuerst eine kleine Aufgabe. Anhand verschiedener Internetseiten sollten die Schüler*innen dabei bewerten, ob ein bestimmter Süßstoff gefährlich ist. In den anschließenden Interviews zeigte sich, dass die Schüler*innen sehr wohl über Wissen verfügten, wie man mit Quellen umgeht. Spannend sind nun die angeführten Gründe, warum sie ihr Wissen trotzdem nicht anwendeten. Als einen der Hauptgründe nannten die Schüler*innen schlicht und einfach, dass sie nicht dazu aufgefordert wurden und es von ihnen nicht verlangt wurde. Generell hat die Bewertung von Wissensquellen in der Schule keinen hohen Stellenwert. Daher gaben die Schüler*innen an, sich lieber auf den Inhalt des Textes anstatt auf dessen Quellenmerkmale zu konzentrieren. Sie nehmen demnach Inhalt und Quellenmerkmale als zwei getrennte Kategorien wahr, die man auch getrennt voneinander bewerten könnte. Ein weiterer angeführter

Grund war, dass Quellenmerkmale im Internet teilweise nur schwer auffindbar sind.

Jetzt sind Sie vielleicht nicht mehr Schüler*in einer neunten Klasse. Was können Sie also mit diesen Ergebnissen anfangen? Sie könnten überlegen, warum Sie bei einer Informationssuche im Internet nicht auf Quellen achten. Oder sich fragen, wann Sie auf Quellenmerkmale achten und wann nicht. Viele Menschen wissen, dass Quellenangaben wichtig sind und wertvolle Informationen enthalten. Dennoch werden diese hier und da ignoriert. Es ist eben nicht so, dass Quellenmerkmale nur ein netter Zusatz zum Inhalt sind. Die Interpretation des gesamten Inhalts kann sich verändern, wenn man dessen Quelle einbezieht.

Ein lustiges Beispiel dafür sind die falsch zugeordneten Zitate des Kabarettisten Marc-Uwe Kling. Indem der Künstler bekannten Zitaten einfach eine neue (und somit falsche) Quelle zuordnet, entsteht ein neuer witziger Zusammenhang.

> **Beispiel**
>
> „,Niemand hat die Absicht, eine Mauer zu errichten.' Bob der Baumeister" (Kling, 2014, S. 154).
> (Originalzitat stammt von Walter Ulbricht (DDR-Politiker) kurz vor dem Bau der Berliner Mauer. (Bundesregierung, o. J.)).

Um das falsch zugeordnete Zitat jedoch richtig zu verstehen, muss man nicht nur wissen, wer den Satz im Original gesagt hat, sondern auch die Quelle des neu zusammengesetzten Zitates kennen. Denn nur wenn man weiß, dass dieses von einem Kabarettisten stammt, kann man es entsprechend einordnen. Hätte ein Schüler das Zitat so in seinen Geschichtstest geschrieben, hätte er dafür sicher keine Punkte erhalten. Der Kontext und die Quelle sind somit entscheidend, um den Inhalt einzuordnen.

Meist ist die falsche oder fehlende Zuordnung von Quellen jedoch leider nicht so amüsant. Streng genommen kann man dieses Zitat auch als Fake News bewerten, wenn man nicht weiß, dass es sich um das Produkt eines Künstlers handelt und unter der Überschrift „falsch zugeordnete Zitate" steht.

3.3.3.3 Was können Sie tun, um besser mit Quellenangaben umzugehen?

3.3.3.3.1 Auf Quellenangaben achten

Ein erster einfacher Schritt ist, generell auf die Quellenangaben zu achten. Vielleicht haben Sie schon einmal Bücher oder wissenschaftliche Artikel in Ihrer schulischen oder beruflichen Ausbildung zitiert. Dabei sind Standardangaben wie Autor*in, Titel, Ort und Jahr der Veröffentlichung sowie der Verlag und Seitenzahlen meist schnell zu finden. Im Internet sind diese Informationen zu Texten nicht immer auf den ersten Blick zu erkennen und man muss beispielsweise im Impressum danach suchen. Andere Informationen sind möglicherweise auch gar nicht ersichtlich und bleiben ungeklärt. Das bedeutet jedoch nicht, dass diese Informationen nicht wichtig sind. Ihnen sollte vielmehr auffallen, dass sie fehlen. Selbstverständlich werden Sie in einem Blogbeitrag keine Seitenzahlen oder Angaben zum Verlag finden – das wiederum ist im Textgenre begründet. Fehlt jedoch ein*e Autor*in oder das Datum der Veröffentlichung oder Aktualisierung, sollte Sie das bei kritischer Prüfung aufhorchen lassen.

Das Schöne am Internet ist, dass jede*r die eigene Webseite so gestalten kann, wie er möchte (mit rechtlichen Rahmenbedingungen). Das bedeutet auch, dass jede*r schreiben kann, was er/sie möchte (ebenfalls mit rechtlichen Rahmenbedingungen). Auf der anderen Seite zieht das wiederum eine Reihe von Problemen nach sich. Man denke beispielsweise an Fake News, falsche Behauptungen und Darstellungen oder Lügen. Das Ganze muss jedoch nicht einmal dramatische Ausmaße besitzen. Es fängt meist schon im Kleinen an: Da gibt es beispielsweise selbsternannte Expert*innen, bezahlte Werbepartnerschaften, getarnte Webseiten von Unternehmen (beispielsweise mit neutral wirkenden Produkttests) oder Texte, bei denen Autor*innen nicht zu erkennen sind. Daher lohnt es sich, genauer hinzusehen und Quellenmerkmale zu prüfen.

Manche Suchmaschinen bieten Ihnen auch den Service, dass sie Ihnen gleich Inhalte zum Suchbegriff auf der Trefferseite präsentieren. Sie suchen beispielsweise nach „Igel Winterschlaf" und schon erscheint ganz oben auf der Trefferseite ein kleiner Text mit passenden Informationen. Doch achten Sie auch hier darauf, woher die Antworten kommen. Meist ist der Link zur Webseite, von der die Informationen stammen, gleich darunter zu finden. Verlassen Sie sich nicht einfach auf die Suchmaschine, sondern prüfen Sie Informationen genauer – vor allem wenn es sich um wichtige Themen handelt. Das Gleiche gilt übrigens auch, wenn Ihnen die Suchmaschine vorformulierte Fragen zu Ihrer Suchanfrage präsentiert und Sie darunter gleich passende Antworten finden. Auch dabei sollten Sie prüfen, woher die Antworten eigentlich kommen.

3.3.3.3.2 Regeländerung

Genauso wie sich das Internet ständig weiterentwickelt, verändern sich auch die Regeln zum Umgang mit Informationen. Ständig kommen neue Tricks dazu, um die Aufmerksamkeit der Leser*innen zu gewinnen und die eigene Webseite höher auf der Trefferseite zu platzieren. Mit einem einfachen Zwölf-Punkte-Plan zur Arbeit mit Internettexten ist es da nicht mehr getan.

Ein bekanntes Beispiel dazu ist der CRAAP-Test, der vor allem in Nordamerika immer noch vielen Student*innen vorgestellt wird, um Texte und deren Quellen zu überprüfen. Die 25 Fragen gliedern sich in die fünf Bereiche Currency (Aktualität), Relevance (Relevanz), Authority (Expertise), Accuracy (Korrektheit) und Purpose (Zweck), deren Anfangsbuchstaben das Akronym CRAAP bilden. Zur Suche von Informationen außerhalb des Internets, wie beispielsweise in Bibliotheken, ist der Test vermutlich nützlich. Auf den ersten Blick scheinen die Fragen auch immer noch unbedenklich. Doch lassen Sie uns zwei problematische Beispiele herausgreifen:

Tipp aus dem CRAAP-Test: Achte auf die Endungen bei Webseiten: Das ist eine einfache Daumenregel: Wenn am Ende der Internetadresse *.com*, *.de* oder *.net* steht, dann heißt das…? Ja, was eigentlich? Wenn Sie schon mal eine eigene Webseite anlegen wollten, wissen Sie, dass Sie Ihren Webseiten-Wunschnamen angeben und dann aus einer Fülle von Endungen aussuchen können. Eine Aussage über die Qualität der Seite lässt sich daraus jedoch nicht ableiten. (Auch in Nordamerika trifft diese einfache Regel nicht auf alle Webseiten-Endungen zu. So ist beispielsweise *.org* keine geschützte Domain und kann frei erworben werden.)

Tipp aus dem CRAAP-Test: Achte auf angeführte Kontaktinformationen, wie z. B. einen Verlag oder eine E-Mail-Adresse: Auch dieser Hinweis ist nicht sehr hilfreich, da sich jede*r eine beliebige E-Mail-Adresse anlegen kann. Außerdem gibt es in Deutschland eine Impressumspflicht, in der Kontaktdaten zu einer Webseite angegeben werden müssen. Es handelt sich somit nicht um ein aussagekräftiges Entscheidungsmerkmal. Das gleiche gilt auch für die Angabe eines Verlages. Es gibt unzählige Verlage in Deutschland und die Namen vieler kleiner Verlage (inklusive ihrer Arbeitsweise und inhaltlichen Ausrichtung) sind nicht geläufig. Somit ist auch das kein hilfreiches Kriterium. Es ist ein bisschen so, als würden Sie eine*n Fremde*n in Ihre Wohnung lassen, nur weil er/sie eine Visitenkarte vorgezeigt hat. Denn Ihnen ist hoffentlich klar, wie schnell sich heutzutage jede*r eine beliebige Visitenkarte drucken kann.

Diese beiden Kritikpunkte sind nicht die einzigen. Ich habe Sie auch nicht selbst erarbeitet, sondern sie kommen von der Standford History Education Group (Wineburg et al., 2020), die bereits zur „Zurückhaltung beim Klicken" aufgefordert haben. Diese Gruppe von Wissenschaftlern hat sich jedoch auch darüber Gedanken gemacht, wie Sie als Leser*in vorgehen können, um zu guten Informationen zu gelangen.

3.3.3.3.3 Laterales Lesen

Die Standford History Education Group (Stanford History Education Group, o. J.) hat dazu in ihrem Online Programm COR eine Strategie vorgestellt, die sich „Lateral Reading" (dt. Laterales Lesen oder auch „Querlesen") nennt. Dazu haben sich die Autor*innen des Programms angesehen, wie professionelle Faktenchecker*innen vorgehen. Während Nicht-Expert*innen oft Informationen über eine Webseite auf der selben Seite suchen (z. B. auf der Unterseite „Über mich/uns/das Unternehmen"), beziehen Faktenchecker*innen Informationen zur Webseite von anderen Seiten ein. Das heißt, wenn Sie etwas über Webseite A erfahren möchten, suchen Sie die entsprechenden Informationen nicht nur auf Webseite A, sondern beziehen andere Webseiten ein. Grund dafür ist, dass jede*r auf seiner/ihrer Webseite schreiben kann, was er/sie möchte. Das bedeutet, dass man auf der Seite selber wohl keine kritischen Punkte über die Webseite entdecken wird. Außerhalb des Internets funktioniert das genauso. Wenn Sie wissen wollen, wie gut ein Ladengeschäft in einer Stadt ist, fragen Sie ja auch nicht den/die Ladenbesitzer*in, sondern vermutlich andere Leute in der Stadt. Denn wieso sollte der/die Ladenbesitzer*in etwas Schlechtes über das eigene Geschäft sagen?

Hinzu kommt, dass es heutzutage sehr einfach ist, sich eine tolle Internetadresse zu kaufen, sich ein schickes Logo zu designen und geschliffene Texte und professionelle Bilder und Videos zu präsentieren. Selbst mit wenig Geld kann man eine sehr professionelle Webseite erstellen. Diese Äußerlichkeiten sind jedoch kein Gütesiegel. Auch die Inhalte der Texte, Bilder und Videos der Webseite vermitteln Ihnen genau den Eindruck, den Sie bekommen sollen. Auf der Webseite selbst werden Sie also nicht weiterkommen, wenn Sie prüfen möchten, ob diese vertrauenswürdig ist.

Aus diesem Grund verweilen Profis nicht auf der gefundenen Webseite und lesen dort sämtliche Inhalte. Stattdessen sehen sie sich weiter im Internet um und versuchen, aus anderen Quellen etwas über die Webseite zu erfahren. Auch bei weiteren Quellen stellt sich selbstverständlich die Frage, ob diese vertrauenswürdig sind. Denn wer eine glänzende Webseite erstellen kann, kann auch eine weitere erstellen, um Ihnen dort zu berichten, wie toll die erste Seite ist. Wenn jedoch andere vertrauenswürdige Quellen darüber berichten, sind diese Informationen schon belastbarer.

Laterales Lesen bedeutet also, dass Sie nicht auf einer Webseite verweilen, um deren Glaubwürdigkeit zu überprüfen. Sie suchen auf weiteren Webseiten, was darüber berichtet wird. Suchen Sie nach den Namen, die Sie im Impressum finden und informieren Sie sich, wer hinter der Webseite steckt. Dabei gilt ebenfalls: Öffnen Sie verschiedene Informationsquellen bzw. Webseiten in verschiedenen Tabs und verschaffen Sie sich so einen Überblick.

> **Tipps zur Evaluation von Informationen**
>
> - **Auf Quellenmerkmale achten:** Sehen Sie sich nicht nur den Textinhalt an, sondern schauen Sie auch darauf, wer den Text wann für wen und mit welcher Intention geschrieben hat.
> - **Vorwissen nicht überschätzen:** Denken hilft, aber man ist eben nicht in jedem Fach Expert*in. Daher sollte man auch seine persönlichen Wissensgrenzen kennen und das eigene Vorwissen nicht überschätzen. Wenn Sie selbst nicht genug zum Thema wissen, fragen Sie sich lieber, ob Sie der Informationsquelle vertrauen können.
> - **Easiness-Effekt beachten:** Nur weil sich ein Text flüssig liest und gut verständlich ist, bedeutet das nicht, dass man auch die gesamte Wissenschaft dahinter verstanden hat.
> - **Lateral lesen:** Wenn Sie wissen möchten, ob eine Webseite vertrauenswürdig ist, suchen Sie nach Informationen über die Seite auf anderen Webseiten. Die Seite selbst wird sich vermutlich immer im besten Licht darstellen.

3.3.4 Integration von Informationen

Gehen wir nun davon aus, dass Sie nach einem Thema erfolgreich gesucht und sich bestimmte Seiten im Internet dazu angesehen haben, deren Quellen Sie als vertrauenswürdig beurteilen. Angenommen Sie haben fünf verschiedene Webseiten aufmerksam gelesen. Dann müssen

Sie die Inhalte dieser Seiten anschließend zu einem schlüssigen Bild zusammenfügen. An dieser Stelle möchte ich nochmals darauf hinweisen, dass die beschriebenen Schritte (Ziele, Suche, Evaluation und Integration) in der Anwendung stark ineinander greifen und keine streng voneinander getrennten Arbeitsschritte sind.

Am einfachsten wäre es natürlich, die Integration einfach wegzulassen. Man liest die fünf Texte und schlussfolgert beispielsweise: „Die Expert*innen sind sich nicht einig"; „Es gibt keine klare Antwort" oder „Jede*r hat eben seine/ihre Meinung zum Thema". Fertig – fünf Texte, fünf Meinungen. Diese Reaktionen sind natürlich verständlich – vor allem in Zeiten, in denen Menschen viel Stress und sehr vielen Informationen ausgesetzt sind. Genauso wie ich im Beispiel „Trinkflasche" im ersten Kapitel einfach meinen Laptop zugeklappt habe, weil mir alles zu viel war. Ich hatte wertvolle Zeit investiert, bin jedoch zu keiner Lösung gekommen. Doch was wäre, wenn es sich nicht einfach nur um eine Trinkflasche, sondern um ein wichtiges Problem gehandelt hätte, das meine Gesundheit betroffen hätte? Dann hätte nicht einfach den Laptop zuklappen sollen.

Es gibt natürlich einfachere Suchanfragen, bei denen eine Integration fast nicht notwendig ist. Wenn Sie wissen möchten, wann Johann Sebastian Bach gelebt hat und Sie drei vertrauensvolle Quellen aufsuchen, ist eine Integration eigentlich nur sehr grundlegend nötig. Sie müssen lediglich abgleichen, ob die Lebensdaten auf allen drei Seiten übereinstimmen. Bei komplexeren Themen, bei denen Sie Argumente oder Kriterien vergleichen müssen, wird die Integration der Informationen schon aufwendiger. Wichtig ist auch in diesem Prozessschritt, dass Sie Ihr Ziel oder Ihre Frage weiterhin fest vor Augen haben. Denn Ihr Ziel bestimmt, wie Sie die

Informationen zusammenfügen. Die Frage „Welche Versicherung brauche ich?" unterscheidet sich von der Frage „Passt Versicherung X zu mir und meinem Leben?". Je nach Frage suchen, bewerten und integrieren Sie Informationen aus einem anderen Blickwinkel.

Bei der Integration von Texten geht es darum, die Inhalte verschiedener Texte aufeinander zu beziehen und Kohärenz herzustellen. Wie bereits erwähnt, ist das ein bedeutender Unterschied zwischen dem Lesen eines Textes und dem Lesen mehrerer Texte zu einem Thema.

Es gibt jedoch noch weitere Arbeitsschritte, die hinter dem Begriff Textintegration stecken (Saux et al., 2021). Sie benötigen Aufmerksamkeit und müssen den Text lesen, um herauszubekommen, welche Informationen Sie bereits kennen und welche für Sie neu sind. Doch damit nicht genug, es kommen noch weitere Herausforderungen auf Sie zu, wenn Sie versuchen, Inhalte aus verschiedenen Texten zu einem mentalen Bild zusammenzuführen:

- Die **Kontexte der Texte** können sich stark in Zeit, Ort oder Rahmenbedingungen unterscheiden. Angenommen Sie möchten sich zu einer Krankheit informieren. Dann finden Sie im Internet Texte, die schon zwanzig Jahre alt sind und welche aus dem letzten Jahr. Sie finden Fachtexte und wissenschaftliche Studien, sowie Beiträge in Foren. Wenn Sie die Suche auf Englisch starten, finden Sie Informationen aus verschiedenen Ländern. All diese Rahmenbedingungen können je nach Suchziel äußerst wichtig sein. Nehmen wir an, Sie möchten wissen, wie Sie die Abfälle Ihrer Renovierung in Deutschland entsorgen können. Dann wird Ihnen ein zwanzig Jahre alter Forumseintrag aus Österreich wenig nutzen, selbst wenn er sich genau auf den Abfall bezieht, den Sie gerade entsorgen möchten.

- Die Texte unterscheiden sich in **Struktur, Genre und Sprachstil.** Sie möchten sich zu einer Krankheit informieren und finden kurze Nachrichten zu neuen Forschungserkenntnissen (faktenbasiert), sowie einen Kommentar von einer Betroffenen (meinungsbasiert). Sie finden Fachbücher und Blogbeiträge, die zu verschiedenen Genres gehören und sich somit auch in ihrem Sprachstil (z. B. Fachsprache) erheblich unterscheiden können.
- Das gleiche Thema kann aus **unterschiedlichen Perspektiven** betrachtet werden. Eine Patientin schildert die Krankheit vielleicht anders als eine Oberärztin einer Station oder eine Forscherin, die zu dieser Krankheit wissenschaftliche Studien betreut. Obwohl alle über das gleiche Thema sprechen bzw. schreiben, kann die Bewertung und Gewichtung von einzelnen Aspekten unterschiedlich ausfallen.
- Innerhalb eines Textes befinden sich **sprachliche Mittel,** damit der Text in sich kohärent ist. Diese müssen Sie aber auch zwischen den verschiedenen Texten entsprechend deuten. Ein „im Gegensatz dazu" weist Sie in einem Text auf eine widersprüchliche Position hin. Wie diese Position jedoch mit einer Aussage in einem weiteren Text im Verhältnis steht, ist damit noch nicht geklärt.
- Hinzu kommt, dass Texte durch **Diagramme, Abbildungen oder Videos** ergänzt werden, die ebenfalls wichtige Informationen enthalten und richtig gedeutet werden müssen (dazu mehr in Kap. 5).

Solange alle Texte eine ähnliche Aussage haben, ist die Integration verschiedener Texte etwas einfacher. Problematischer wird es, wenn Widersprüche auftauchen – entweder innerhalb eines Textes oder auch zwischen den Texten. Wenn Sie einen Text lesen und dort Widersprüche entdecken, lesen Sie eventuell langsamer oder prüfen die Textstelle erneut (Saux et al., 2021). Studien haben jedoch auch gezeigt, dass Leser*innen widersprüchliche Aussagen in Texten einfach übergehen oder gar nicht bemerken. Interessant wird dieses Vorgehen vor allem, wenn Leser*innen insbesondere die Informationen übergehen, die nicht zu ihrem Vorwissen, ihren Überzeugungen oder Weltanschauung passen (Abendroth et al., 2020). Denn es ist natürlich bequemer für unser Gehirn, wenn alle Argumente gut zusammenpassen, als wenn das nicht der Fall ist. Ansonsten müsste man nämlich lange darüber nachdenken, wie und ob die Argumente untereinander und mit dem bisherigen Wissen zusammenpassen könnten. Nachdenken ist jedoch anstrengend und verbraucht viel Energie, daher ist es nicht immer eine beliebte Tätigkeit.

3.3.4.1 Wie funktioniert die Integration verschiedener Texte?

Erwachsene sind meist in der Lage, die Argumente und Inhalte verschiedener Texte zu integrieren, auch wenn es anstrengend ist. Wie der Prozess der Integration aussehen kann, zeigt beispielsweise das in Abb. 3.1 dargestellte Modell „Document Model Framework" der US-amerikanischen Forscherin Mary Anne Britt und des französischen Forschers Jean-François Rouet (Saux et al., 2021). Die Forscher*innen gehen in ihrem Modell davon aus, dass Leser*innen beim Textlesen eine Art inneres Bild (eine mentale Repräsentation) der Texte erstellen. In dieser Repräsentation sind zwei Teile enthalten, wobei sich der eine auf den Inhalt der Texte bezieht (integriertes mentales Modell) und der andere auf deren Quellen (Intertext-Modell).

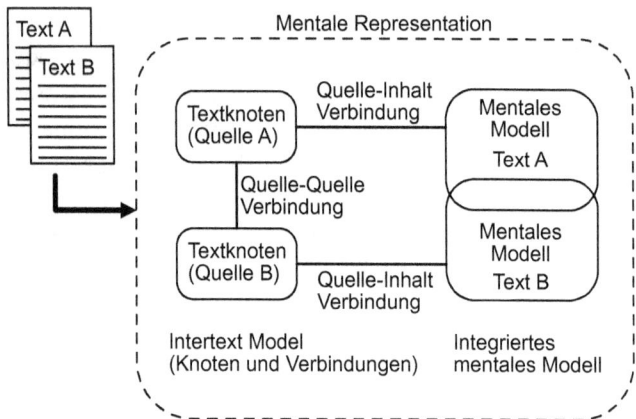

Abb. 3.1 Document Model Framework. (Quelle: In Anlehnung an Saux et al., 2021)

(Kleine Anmerkung: Es handelt sich hierbei um ein theoretisches Modell, weil niemand genau sagen kann, was tatsächlich im Gehirn passiert, wenn Menschen Texte zusammenfügen. Daher stellen Forscher*innen Modelle auf und überprüfen diese in Experimenten mit Menschen, die Texte lesen und zusammenführen. Wenn Sie die nachfolgende Modellbeschreibung lesen, kann es sein, dass Sie denken: „So gehe ich doch nicht vor, wenn ich Texte lese." Grund dafür könnte sein, dass Sie tatsächlich anders vorgehen oder Sie sich der Schritte nicht bewusst sind, weil diese automatisch ablaufen. Wissenschaftler*innen der Psychologie versuchen jedoch herauszufinden, wie die meisten Menschen dabei vorgehen und ergründen nicht, wie Sie ganz persönlich Texte zusammenführen.)

Die Textinhalte (integriertes mentales Modell): Die Inhalte sind häufig der eigentliche Grund, warum man Texte liest. Man möchte neue Informationen, Fakten oder Hintergrundwissen erfahren. Die Inhalte aus verschiedenen Texten können sich entweder inhaltlich ergänzen, überlappen oder aber widersprechen. Zu jedem Text, den Sie lesen, erstellen Sie ein eigenes inneres Bild (mentales Modell) und integrieren dann verschiedene Bilder von verschiedenen Texten zu einem übergeordneten inneren Bild (integriertes mentales Modell).

Die Quellen (Intertext Modell): Zu den Quelleninformationen gehören Informationen über den/die Autor*in, die Art des Dokuments und den Kontext. Zu jedem Text erstellt man gedanklich einen Knotenpunkt (Dokumentknoten), in dem alle Quelleninformationen des entsprechenden Texts enthalten sind. Einfacher gesagt: Sie merken sich zu jedem Text auch die Quellenangaben.

Von diesem Textknoten gehen zwei Arten von Verbindungen aus:

1. **Verbindung Quelle-Inhalt:** Quelleninformationen eines Textes sind mit dessen Inhalt verbunden. Dies ist wichtig, um sich beispielsweise zu merken: Autorin A (aus Text A) behauptet Argument A und Autor B (aus Text B) behauptet Argument B. So behält man sich nicht nur, was gesagt wurde, sondern auch von wem.
2. **Verbindung Quelle-Quelle:** Um diese beiden Zuordnungen zu vergleichen oder zu integrieren, sind die verschiedenen Quellen auch untereinander verbunden. Wenn Sie die Text-Quellen-Verbindung bereits hergestellt haben, können Sie daraus auch die Quelle-Quelle-Verbindung schlussfolgern, beispielsweise dass Autorin A Autor B widerspricht.

Es ist also nicht nur notwendig, die Inhalte verschiedener Texte zu einem Bild zusammenzubringen, sondern auch zu wissen, aus welchen Quellen diese stammen. Es geht somit nicht nur darum, was gesagt wurde, sondern auch von wem und in welchem Kontext. Denn nur so lässt sich häufig erklären, warum Textinhalte sich widersprechen. Die Texte könnten beispielsweise aus verschiedenen Jahren stammen, die Motive oder Perspektiven der Autor*innen können sich unterscheiden, genauso wie das Textgenre.

Was bedeutet das jetzt für Sie als Leser*in, wenn Sie verschiedene Texte zu einem Thema lesen? Sie sollten aufmerksam sein, ob sich die Argumente in verschiedenen Texten gleichen, überschneiden oder widersprechen. Insbesondere wenn sich Argumente widersprechen, aber auch in allen anderen Fällen, sollten Sie die Quellenangaben bei der Interpretation der Textinhalte einbeziehen.

Vermutlich ist Ihnen im Alltag dieses Vorgehen gar nicht so fremd, wenn Sie Aussagen oder Streitgespräche von Personen in Ihrem Alltag erleben. Dann betrachten Sie nicht nur die Aussagen der Person, sondern kennen auch deren Hintergründe. Diese helfen Ihnen vermutlich, das Gesagte einzuordnen und zu interpretieren. Wenn Sie jedoch Texte von fremden Personen, sprich Autor*innen, lesen, fehlen Ihnen diese Informationen erst einmal und Sie müssen aktiv danach suchen.

3.3.4.2 Was können Sie tun, um Texte besser zu integrieren?

In der pädagogisch-psychologischen Forschung werden nicht nur Modelle aufgestellt, sondern auch Experimente und Trainings eingesetzt. Die Trainings werden wissenschaftlich evaluiert und sollen später Lerner*innen weiterhelfen. Ich möchte Ihnen nachfolgend drei Studien mit verschiedenen Trainings vorstellen.

> Kurzer Exkurs: Es ist übrigens gar nicht so einfach zu untersuchen, wie Menschen verschiedene Texte zu einem kohärenten Bild zusammenfügen. In verschiedenen Studien werden unterschiedliche Untersuchungsmethoden eingesetzt, die alle ihre Vor- und Nachteile mit sich bringen. Man kann beispielsweise Studienteilnehmer*innen bitten, ihre Gedanken laut zu äußern, während sie verschiedene Texte lesen und zusammenbringen (Think-Aloud), diese dann aufnehmen und anschließend analysieren. Eine andere Methode untersucht mithilfe einer speziellen Brille, worauf die Studienteilnehmer*innen ihren Blick richten, wenn sie Texte lesen und wie lange sie einzelne Textpassagen fokussieren (Eye-Tracking). Diese Daten werden ebenfalls aufgezeichnet und von den Forscher*innen analysiert.

3.3.4.2.1 *Farben einsetzen*

In der Studie der amerikanischen Forscherinnen Alexandra List und Patricia Alexander (List & Alexander, 2020) kommt eine weitere Methode zum Einsatz. In ihrer Online-Studie wollten die beiden Forscherinnen wissen, wie Student*innen Texte integrieren, wenn sie unterschiedliche Arbeitsanweisungen für die Textbearbeitung erhalten. Die erste Gruppe erhielt den Auftrag, relevante und wichtige Informationen in den Texten zu unterstreichen und zu kommentieren. Die zweite Gruppe sollte das Gleiche mit den inhaltlichen Beziehungen und Verbindungen zwischen den Texten tun. Eine dritte Gruppe sollte alle Informationen in den Texten unterstreichen und kommentieren, die einfach oder schwer zu verstehen waren. Nach der Arbeitsanweisung erhielten alle Student*innen drei Texte zum Thema „Masseninhaftierung in den USA", die sie am Bildschirm bearbeiten sollten. Dazu bekamen sie verschiedene Textmarkerfarben und konnten sich mithilfe von Kommentarfeldern Notizen machen. Anschließend schrieben die Student*innen einen Aufsatz über das Thema und beantworteten offene Wissensfragen. Die Forscherinnen analysierten die Textmarkierungen, Kommentare, Aufsätze und Antworten aller drei Gruppen. Sie fanden heraus, dass die Stdudent*innengruppen auch tatsächlich die verschiedenen Strategien aus den Arbeitsanweisungen umsetzt hatten. In den Leistungen bei den Aufsätzen und Wissensfragen unterschieden sich die Gruppen jedoch nicht.

Die Methode der Studie fand ich aus zwei Gründen bemerkenswert (auch wenn diese sich in weiteren Studien noch bewähren muss, da sie in dieser Studie zum ersten Mal zum Einsatz kam). Zum einen kann man die Methode schnell für sich übernehmen, wenn man verschiedene Texte zu einem Thema integrieren möchte. Das funktioniert sowohl digital als auch auf Papier. Zum anderen zeigt die Studie drei Strategien, die im Alltag meist gleichzeitig ablaufen.

> **Tipp: Wie können Sie die Methode der Studie für sich einsetzen, um Texte zu integrieren?**
> 1. Weisen Sie den nachfolgenden Kategorien verschiedenen Stiftfarben zu.
> 2. Markieren Sie alle relevanten und wichtigen Punkte im Text (Farbe 1).
> 3. Markieren Sie inhaltliche Verbindungen und Beziehungen zwischen den Texten (Farbe 2).
> 4. Markieren Sie die Informationen, die einfach oder schwierig zu verstehen sind (Farbe 3 & 4).
> 5. Schreiben Sie Kommentare an die Texte. Dadurch setzen Sie sich tiefgründiger mit den Texten auseinander, als wenn Sie diesen nur schnell lesen.

3.3.4.2.2 Mindmaps

In einer weiteren Studie versuchten die israelische Forscherin Sarit Barzilai und ihr Team (Barzilai et al., 2021), 40 Neuntklässler*innen dabei zu unterstützen, verschiedene Texte zu integrieren. Die Schüler*innen arbeiteten dabei mit einer Software, um Mindmaps zu den verschiedenen Texten zu erstellen. In der Einführungsphase wurde den Schüler*innen die Mindmap-Software erklärt und sie bearbeiteten ein Beispielthema. Danach erhielt jede*r Schüler*in sieben Texte zur Frage, ob es gesünder ist, Mineralwasser aus einer Flasche oder Leitungswasser zu trinken. Dazu erstellten die Schüler*innen ein Mindmap mit der Software und schrieben anschließend einen Aufsatz zur Fragestellung. Auch die Bildschirmaktivitäten der Schüler*innen wurden dabei aufgezeichnet. Die Forscher*innen analysierten anschließend sowohl die Mindmaps als auch die Aufsätze und Bildschirmaktivitäten der Schüler*innen. Sie fanden heraus, dass ungefähr die Hälfte der Schüler*innen sehr umfangreiche Mindmap-Modelle erstellt hatten, in denen sie Argumente und Quellen untereinander und miteinander verknüpft darstellten. Vor allem Schüler*innen, die öfter zwischen den Texten, der Mindmap-Erstellung und dem Aufsatzschreiben hin- und herwechselten, bezogen mehr Inhalte und Quellen in ihren Aufsatz ein. Je reichhaltiger das Mindmap inhaltlich war, desto besser war auch die Qualität des Aufsatzes.

Die Aussagekraft der Studie ist zwar begrenzt, dennoch lohnt es sich, die Methode der Studie genauer anzusehen – auch wenn Sie vermutlich keine Aufsätze zu Ihrem Thema verfassen möchten. Die Schüler*innen arbeiteten in der Studie mit der Mindmap-Methode. (Mindmaps sind Schaubilder aus kleinen Kreisen oder Rechtecken mit

Wörtern oder Stichpunkten, die durch Linien netzwerkartig miteinander verbunden sind.)

Aufbau der Mindmaps: Jeder Text wurde als ein Kreis darstellt. Die Farbe des Kreises hing davon ab, für wie vertrauenswürdig die Schüler*innen die Quelle hielten. Die Größe des Kreises zeigte an, für wie relevant für die Fragestellung der Text von den Neuntklässler*innen eingeschätzt wurde. Aussagen und Ideen aus dem Text wurden in rechteckige Boxen eingetragen. Alle Kreise und Boxen konnten außerdem frei verschoben werden. Darüber hinaus konnten sie mit Linien untereinander verbunden werden – sowohl Quellen mit anderen Quellen (Kreis – Kreis), als auch Quellen mit Inhalten (Kreis – Box) oder auch Inhalte untereinander (Box – Box). Den Linien wurden durch verschiedene Farben ebenfalls unterschiedliche Bedeutungen zugeordnet: Schwarz stand für Referenz, Grün für Unterstützung und Rot für Widerspruch. In Abb. 3.2 ist ein Mindmap-Beispiel vereinfacht dargestellt. (Die Graustufen der Kreise stehen dabei für die Vertrauenswürdigkeit. Die durchgezogenen Linien stehen für Unterstützung und die gestrichelten für Widersprüche).

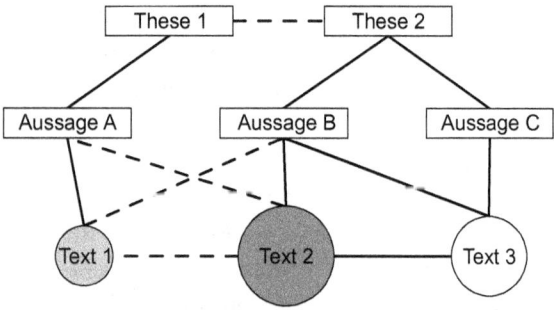

Abb. 3.2 Vereinfachtes Mindmap aus der Studie von Barzilai und Kolleg*innen. (Quelle: Abbildung nach Barzilai et al., 2021)

Daraus ergibt sich eine Methode, die sich ebenfalls gut anwenden lässt, egal ob digital, auf Papier oder an einer Pinnwand bzw. Whiteboard. Wenn Sie mehrere Texte lesen, wird es für Ihr Arbeitsgedächtnis schwieriger, alle Inhalte präsent zu halten und diese den entsprechenden Quellen richtig zuzuordnen. Die Methode kann Ihnen helfen, den Überblick zu behalten.

> **Tipp: Wie können Sie die Methode aus der Studie für sich einsetzen, Texte zu integrieren?**
> - Zeichnen Sie für jeden Text einen Kreis. Relevantere Texte erhalten einen größeren Kreis als weniger relevante Texte.
> - Markieren Sie den Kreis in einer Farbe. Je dunkler die Farbe ist, umso vertrauenswürdiger schätzen Sie die Quelle des Textes ein.
> - Zeichnen Sie eine Box und füllen Sie diese mit jeweils einer wichtigen Aussage oder einem Stichpunkt aus dem Text.
> - Zeichnen Sie Linien zwischen Elementen, die im Zusammenhang stehen. (Mögliche Kombinationen: Quelle-Inhalte; Quelle-Quelle; Inhalt-Inhalt)
> - Weisen Sie den Linien bestimmte Bedeutungen anhand verschiedener Farben zu. Wählen Sie Farben für die Verbindungskategorien: Widersprüchliche Inhalte oder Quellen, sich unterstützende Inhalte oder Quellen und Referenzen.

Es kann hilfreich sein, sich das Mindmap digital, an einer Pinnwand oder einem Whiteboard anzufertigen, da Sie so immer wieder Veränderungen daran vornehmen können, während Sie das Thema weiter bearbeiten.

3.3.4.2.3 Unterstreichen

Vielleicht denken Sie jetzt: Also ich habe bisher immer einen Textmarker benutzt oder einfach ganz frei mit einem

Stift unterstrichen, was ich in Texten wichtig fand. Ist das nicht sinnvoll? Dieser Frage sollten wir kurz nachgehen, da vermutlich sehr viele Menschen (mich eingeschlossen) wichtige Textpassagen mit einem Stift hervorheben. Die wissenschaftlichen Ergebnisse zum Unterstreichen von Texten sind gemischt. Unterstreichen als alleinige Lernstrategie ist beispielsweise nicht sehr hilfreich (Dunlosky et al., 2013). Denn am Ende haben Sie erst mal nur einen bunten bzw. unterstrichenen Text, mehr nicht. Insbesondere wenn Sie einen neuen komplizierten Lehrbuchtext lesen, in dem alles wichtig scheint und Sie gar nicht so recht wissen, was Sie unterstreichen sollen, ist die Methode schwierig umzusetzen. Darüber hinaus kann Unterstreichen auch als eine Art Pseudo-Lernstrategie genutzt werden – ganz nach dem Motto: Ich habe viel gelernt, weil ich viel unterstrichen habe. Oft profitieren daher vor allem jüngere Lerner*innen von einer Einführung und einem Training in die Methode des Unterstreichens.

Doch sieht man Unterstreichen mehr als einen ersten Schritt an und kombiniert die Methode mit anderen Lernstrategien, kann es beim Lesen und Lernen dennoch unterstützen. Wir gehen jetzt mal davon aus, dass Sie einen Text aktiv, aufmerksam und nicht einfach gedankenlos unterstreichen. Das bedeutet, Sie haben ein Ziel, sind fokussiert und malen nicht einfach irgendwelche Worte bunt an. In einem ersten Schritt müssen Sie auswählen, was überhaupt so wichtig für Sie ist, dass Sie es hervorheben möchten. Das heißt Sie lesen einen Text nicht nur, sondern müssen gleichzeitig auch überlegen, was für Sie inhaltlich relevant ist. Damit sortieren Sie das Gelesene schon einmal nach wichtigen und unwichtigen Inhalten. Das erhöht auch die Wahrscheinlichkeit, dass Sie sich das Wichtige besser behalten. Dazu kommt, dass Sie den Text vielleicht nicht nur einmal lesen, sondern mehrmals. Beim zweiten Durchgang lesen Sie jedoch nur die markierten Textstellen, da dort genau die Informationen stehen, die für Sie von Bedeutung sind. Das spart Zeit, Energie und kann Sie durchaus dabei unterstützen, wenn Sie mehrere Texte zum gleichen Thema vergleichen möchten. Sie kombinieren somit verschiedene Strategien – Sie wählen aktiv aus, unterstreichen, und lesen Textpassagen erneut.

Ob dieses Vorgehen tatsächlich hilfreich ist, untersuchten die deutschen Forscherinnen Caroline Leroy und Yvonne Kammerer (Leroy & Kammerer, 2022). Sie forderten 95 Student*innen dazu auf, fünf Texte auf einem Touchscreen zu lesen. Nur eine der beiden Gruppen konnte dabei Textteile markieren. Die Texte waren jeweils eine Seite lang und enthielten verschiedene Positionen zum Thema UV-Strahlung. Die Teilnehmer*innen hatten 15 Minuten Zeit und konnten die Texte beliebig oft lesen. Das Leseverhalten erfassten die Forscherinnen mit der Methode des Eye-Trackings, um zu analysieren, wie lang und wie oft die Teilnehmer*innen Textstellen ansahen. Anschließend schrieben die Student*innen einen kurzen Aufsatz zum Thema, ohne die Texte dabei einsehen zu können, und ordneten kurze, vorgegebene Textzusammenfassungen den korrekten Quellen zu. Die Untersuchung zeigte, dass die Markierer-Gruppe im Vergleich zur Nicht-Markierer-Gruppe längere Zeit beim ersten Lesedurchgang brauchte (selbst nachdem die Zeit fürs Unterstreichen abgezogen wurde), dafür aber weniger Zeit benötigte, um den Text noch einmal anzusehen. Vor allem die Teilnehmer*innen der Markierer-Gruppe, die häufiger nachlasen, stellten mehr Bezüge zwischen den verschiedenen Texten her als die Teilnehmer*innen der Nicht-Markierer-Gruppe. Die Forscher*innen schlussfolgern daraus, dass die Nicht-Markierer-Gruppe mehr Zeit brauchte, um die relevanten Textstellen wiederzufinden. Das wiederum könnte sich negativ auf die inhaltliche Integration der fünf Texte ausgewirkt haben. Bei der anschließenden Aufgabe, die Quellen den Textzusammenfassungen zuzuordnen, unterschieden sich die beiden Gruppen jedoch nicht.

> **Tipp: Wie können Sie die Methode aus der Studie für sich einsetzen, um Texte zu integrieren?**
> - Kombinieren Sie die Methode des Unterstreichens mit anderen Lesemethoden.
> - Überlegen Sie genau, welche Textstellen Sie unterstreichen möchten.
> - Lesen Sie die Texte bzw. die markierten Textteile mehrfach, wenn Sie sich die Inhalte einprägen möchten und/oder diese mit anderen Textinhalten vergleichen möchten.

> **Tipps zur Integration von Informationen**
> - **Aufmerksam lesen:** Lesen Sie die verschiedenen Texte zu einem Thema gründlich und achten Sie auf widersprüchliche, überlappende oder gleiche Informationen.
> - **Text und Quelle:** Beziehen Sie Textinhalte und deren Quellenmerkmale bei der Integration verschiedener Texte ein.
> - **Mehr als nur Inhalt:** Beachten Sie Kontext, Struktur, Genre, Sprachstil, sprachliche Mittel und zusätzliche Darstellungen, wenn Sie Texte integrieren.
> - **Unterstützende Methoden nutzen:** Verwenden Sie Methoden (z. B. Arbeit mit Textmarkern oder Mindmaps), um den Überblick über das Thema nicht zu verlieren.
> - **Kombinieren Sie das Unterstreichen mit anderen Strategien:** Überlegen Sie genau, was Sie unterstreichen möchten und lesen Sie die markierten Stellen mehrmals, um sich wichtige Inhalte des Texts zu merken.

3.3.5 Rahmenbedingungen

Nachdem Sie kennengelernt haben, wie Sie verschiedene Texte auswählen, bewerten und deren Inhalte zusammenbringen können, möchte ich Sie auf spezielle

Rahmenbedingungen aufmerksam machen. Im Fokus steht dabei der Umgang mit wissenschaftlichen und sich widersprechenden Informationen. Darüber hinaus erfahren Sie, was Hyperlinks und nicht herkömmliche Texte auszeichnet.

3.3.5.1 Umgang mit wissenschaftlichen Informationen

Wissenschaftliche Ergebnisse sind längst fester Bestandteil unseres Alltags geworden. Sie werden in Nachrichten berichtet, in Talk-Shows diskutiert und von Expert*innen vorgestellt. Besonders häufig handelt es sich dabei um Themen, die viele Menschen betreffen, wie Gesundheit, Lebensführung und Umwelt. Etwas seltener findet man wissenschaftliche Ergebnisse zu neuen Entdeckungen. Darüber hinaus gibt es noch eine Menge wissenschaftlicher Ergebnisse und Erkenntnisse, die für das alltägliche Leben weniger relevant sind und es daher nicht in die Medien schaffen, sondern nur von kleinen Expert*innengruppen in Fachartikeln und -büchern gelesen werden.

Doch wissenschaftliche Ergebnisse haben ein paar Besonderheiten, die zu großen Missverständnissen führen können. Journalisten, Politik und Gesellschaft wünschen sich häufig klare Antworten aus der Wissenschaft, um beispielsweise konkrete Maßnahmen daraus abzuleiten. Wie bereits erwähnt, beginnen Wissenschaftler*innen ihre Antworten jedoch häufig mit „Es kommt darauf an…". Das tun sie nicht, um Gesprächspartner*innen zu verärgern. Die Einordnung von Ergebnissen hängt tatsächlich davon ab, unter welchen Umständen und Rahmenbedingungen Ergebnisse entstanden sind – also wen man beispielsweise zu welchem Thema in welcher Umgebung mit welchem Fragebogen befragt hat. Diese sehr speziellen Ergebnisse lassen sich dann nicht immer grob verallgemeinern. Doch die Maßnahmen, die daraus abgeleitet werden sollen, sind meist allgemeiner Natur. Wie Sie sehen, stoßen an dieser Stelle die Arbeitsweisen der Wissenschaft und beispielsweise der Politik aufeinander, da sie unterschiedliche Ziele und Blickwinkel innehaben (Bromme & Kienhues, 2014).

Sehen wir uns zwei spezielle Merkmale von wissenschaftlichen Ergebnissen genauer an (Hendriks & Kienhues, 2019; Hendriks et al., 2020):

1. **Wissenschaftliches Wissen ist komplex:** Dabei geht es sowohl um tiefes Spezialwissen zu einem (meist kleinen) Wissensgebiet als auch um breites Hintergrundwissen (teilweise sogar aus anderen wissenschaftlichen Bereichen). Ein Beispiel: Eine Forscherin hat Psychologie studiert und anschließend im Bereich der Pädagogischen Psychologie promoviert. In ihrer aktuellen Forschungsarbeit beschäftigt sie sich mit dem Thema Motivation von Schüler*innen. Das Thema Motivation bei Schüler*innen ist dabei nur ein kleines Spezialgebiet der psychologischen Forschung. Darüber hinaus verfolgt sie auch Forschungsergebnisse aus anderen Bereichen und Fachrichtungen, die mit ihrem Forschungsthema Motivation in Verbindung stehen.
2. **Wissenschaftliches Wissen ist unsicher und vorläufig:** Dass Wissen unsicher ist, bedeutet nicht, dass es schlecht ist. Wenn man beispielsweise weiß, wie Forscher*innen im Bereich der Naturwissenschaften arbeiten, weiß man auch, dass ein einzelnes Forschungsergebnis meist noch nicht sehr belastbar ist. Der Grund dafür sind nicht nur mögliche Fehler bei einem Experiment, sondern die Unsicherheit liegt auch darin begründet, dass Wissenschaftler*innen mit Wahrscheinlichkeiten arbeiten. Darüber hinaus entwickelt sich Forschung beständig weiter. Bestehende Theorien,

3 Suchen Sie etwas Bestimmtes? – Umgang mit ...

Modelle und Erkenntnisse werden anhand neuer Erkenntnisse unterstützt, verworfen oder erweitert. Beispielsweise wurde der Himmelskörper Pluto lange Zeit zu den Planeten gezählt, seit 2006 gehört er jedoch zu den Zwergplaneten. Wissenschaft ist lebendig und entwickelt sich weiter – gerade dieser Punkt fasziniert viele Menschen, die sich eingehender mit wissenschaftlichen Themen befassen. Doch um aktuelle wissenschaftliche Erkenntnisse richtig einordnen zu können, braucht es eine Menge Basiswissen in einem Fachgebiet. Genau dieses Wissen fehlt uns jedoch in den meisten wissenschaftlichen Gebieten, da wir nur in wenigen Wissensbereichen Expert*innen sind. Betrachtet man dann Wissenschaft von außen, erscheint es manchmal so, als wüssten Wissenschaftler*innen auch keine klaren Antworten. Besonders bei neuen, noch wenig erforschten Phänomenen kann das sogar zutreffen. Doch meist verändert sich der Erkenntnisstand jedoch und somit auch das Wissen der Wissenschaftler*innen und ihre daraus resultierenden Positionen und Aussagen mit der Zeit. Doch auch wenn wissenschaftliche Fragen ungeklärt sind – und das sind mehr als man meist annimmt – versuchen Wissenschaftler*innen diese mit ihrem aktuellen Wissensstand, ihren Fähigkeiten und Forschungsmethoden bestmöglich zu beantworten.

In der Schule kommen viele Menschen zum ersten Mal mit Wissenschaft in Kontakt. Jedoch wird bzw. wurde Wissenschaft häufig als starr und unveränderbar dargestellt. Es gibt Gesetze, Formeln und Fakten, die man lernen und eventuell anwenden muss. Häufig ist dieses vermittelte Grundwissen eher als fester Wissenskern zu sehen. Auch Student*innen und andere Expert*innen müssen erst einmal viele Grundlagen (auswendig) lernen, bevor sie zu den spannenden Fällen und Anwendungen des Wissens übergehen können.

Am Ende sieht man als (Promotions-)Student*in oder Expert*in dann die Ränder des Wissensgebiets, an denen nicht alles geklärt ist, viele Fragen offen sind und an denen aktuell geforscht wird. Bis dieses neue Wissen dann zu gefestigtem Basiswissen werden kann, dauert es meist ziemlich lange. Ergebnisse sollten sich dabei nicht nur einmalig, sondern in mehreren Studien und Experimenten zeigen, die unter verschiedenen Rahmenbedingungen oder mit unterschiedlichen Methoden und mit bester wissenschaftlicher Praxis durchgeführt wurden.

Versuchen Sie doch selbst einmal, sich mit einem für Sie interessanten wissenschaftlichen Thema etwas länger zu beschäftigen und aktuelle Entwicklungen zu verfolgen. Das kann sehr spannend sein, auch wenn Sie kein*e Forscher*in, sondern nur interessierte*r Fachfremde*r sind. Immer mal wieder gibt es auch sogenannte Citizen-Science-Projekte, bei denen alle Bürger Daten beitragen und somit mitforschen können. Beispiele sind das Zählen von Gartenvögeln für den Naturschutzbund oder Projekte auf der Internetplattform „Bürger schaffen wissen".

3.3.5.2 Umgang mit sich widersprechenden Informationen

Vielleicht stoßen Sie bei Ihrer Informationssuche auch auf sich widersprechende Aussagen von Expert*innen oder Wissenschaftler*innen. (Ich gehe jetzt davon aus, dass Sie etwas genauer überprüft haben, ob diese Expert*innen auch vertrauenswürdig sind und entsprechende Expertise besitzen. Dennoch kann es passieren, dass sich deren Aussagen gegenüberstehen.) Etwas einfacher aufzulösen ist der Widerspruch, wenn Sie feststellen, dass die Expert*innen das Thema auf Basis unterschiedlicher Disziplinen, Domänen oder Fachbereiche betrachten. Das kommt häufig bei gesellschaftlichen oder interdisziplinären Fragen vor. Dann erklärt sich meist recht schnell, warum eine Expertin (z. B. Wirtschaftswissenschaftlerin) den Fakt A stärker gewichtet, während ein anderer Experte (z. B. Geologe) den Fakt B für wichtiger erachtet und beide unterschiedliche Schlüsse aus dem Sachverhalt ziehen.

Doch manchmal widersprechen sich sogar Fachkolleg*innen. (Sollten Sie je einen (wissenschaftlichen) Fachkongress besucht haben, wissen Sie, dass das an der Tagesordnung ist.) Forscher*innen und Expert*innen diskutieren miteinander – das ist wichtig und notwendig. Denn diese Art von Reibung und Anregung braucht es oft, um voranzukommen. Für Außenstehende sind die Diskussionen meist nur schwer nachvollziehbar, da sich diese häufig um sehr spezifische Details und (Forschungs-) Methoden drehen. Vielleicht kennen Sie solche Diskussionen aus Ihrem beruflichen Umfeld oder von Ihren Hobbies, die Sie schon jahrelang betreiben. Egal ob Kochen, Backen, verschiedene Sportarten, musikalische Interessen, Gartenarbeit oder Heimwerken – auf jedem Gebiet gibt eine Menge Spezialwissen und Methoden und diese können auch gern mal diskutiert werden: Was ist die beste Möglichkeit für xyz? Welches ist das beste xyz? Wie schafft man xyz?

Eine andere Art von Widerspruch kann für Sie auch entstehen, wenn Sie verschiedene Texte zu einem Thema lesen, die neuen Informationen jedoch nicht zu Ihrem bisherigen Wissensstand passen. Gehen wir nochmals zum Beispiel mit Pluto zurück. Sie waren sich sicher und haben es auch so gelernt: Pluto ist ein Planet. Doch nun lesen Sie in einem Artikel das Wort „Zwergplanet". Jetzt haben Sie zwei Möglichkeiten (Abendroth et al., 2020): Eine einfache erste Möglichkeit ist, dass Sie einfach darüber hinweglesen – das Wort „Planet" steckt schließlich auch im Wort „Zwergplanet". Da hat sich vielleicht jemand verschrieben. Sie wissen, was Sie wissen und lassen sich nicht beirren. Das führt dazu, dass Sie die neue Information einfach so verzerren, dass sie in Ihr Bild passt. Das beschreibt die menschliche Tendenz, lieber Informationen aufzunehmen, die zum bestehenden Wissen oder zu den eigenen Überzeugungen passen, als Informationen, die diesendagegen widersprechen.

Die zweite Möglichkeit ist jedoch, dass Sie über das Wort „Zwergplanet" stolpern und genug Ressourcen haben, um der Sache tiefgründiger nachzugehen. Vielleicht erinnern Sie sich auch, dass da vor Jahren mal was über Pluto in den Medien berichtet wurde und Sie wollen nun herausfinden, was es genau war. Plötzlich haben Sie den Widerspruch wahrgenommen und sind sich nicht so sicher, ob Ihr Schulwissen noch aktuell ist. Außerdem haben Sie auch gerade etwas Zeit, um der Sache auf den Grund zu gehen. Sie informieren sich also kurz im Internet und stellen fest, dass Pluto seit 2006 als Zwergplanet eingestuft wurde und was die Gründe dafür sind. Sie haben etwas gelernt und Ihr Wissen aufgefrischt. Ehrlicherweise muss man jedoch zugeben, dass die zweite Möglichkeit deutlich anstrengender und aufwendiger ist als die erste. Es kann sich sogar unangenehm anfühlen, wenn man nicht Recht hatte oder feststellt, nicht mehr auf dem aktuellen Stand zu sein.

3.3.5.3 Das Labyrinth der Hyperlinks

In digitalen Texten begegnen einem auch regelmäßig Hyperlinks. Das sind Verbindungen zu anderen Texten, die inhaltlich mit dem Originaltext verknüpft sind und beispielsweise bestimmte Begriffe oder Methoden genauer erklären (Delgado et al., 2020). Das verändert die Lesegewohnheiten, die man vom Lesen auf Papier kennt. Denn dort gibt es meist nur die Möglichkeit linear (von Anfang bis Ende) zu lesen. (Eine Ausnahme bilden eventuell Lexikoneinträge oder Fachbücher mit Verweisen zu anderen Seiten.) Digitale Texte ermöglichen es hingegen teilweise, direkt einen bestimmten Begriff anzuklicken und auf einer anderen Seite mehr Informationen dazu zu erhalten. Hyperlinks bedeuten demnach Chancen, aber auch Herausforderungen. Auf der Seite der Chancen wäre zu nennen, dass man sich mithilfe von Hyperlinks schnell zu bestimmten Aspekten eines Themas durchklicken kann. Man muss nur einen Oberbegriff eingeben und kann sich dann zu einem beliebigen Unterthema durcharbeiten. Ein Beispiel: Sie geben im Onlinelexikon Wikipedia den Begriff „Weimarer Republik" ein, gehen zu den Begriffen „Weimarer Verfassung" und anschließend zu „Reichspräsident" weiter und landen dann bei „Friedrich Ebert". Das Vorgehen wirkt etwas willkürlich und ergibt erst Sinn, wenn Sie auch einer Frage nachgehen, wie „Welche Regierungsform gab es in der Weimarer Republik und wer war das Staatsoberhaupt?". Darüber hinaus helfen Hyperlinks, wenn man bestimmte Fachbegriffe oder Methoden nicht kennt und dazu eine Erläuterung sucht. Diese bekommt man, indem man den Hyperlink anklickt oder aber (je nach Seite) mit dem Cursor darüber fährt und die Informationen in einem kleinen Fenster erscheinen. Zusammengefasst bedeutet das, dass Hyperlinks sehr nützlich sein können, wenn Sie als Leser*in ein Wissensgebiet erschließen wollen, weil Sie zwischen verschiedenen wichtigen Begriffen hin- und herspringen können und sich so recht schnell Ihr Wissensnetzwerk aufbauen können. Hinzukommt, dass meist nur wichtige Begriffe verlinkt sind. Als Leser*in erhalten Sie durch die

Hyperlinks also zusätzlich Informationen darüber, welche Begriffe für ein Thema relevant sind.

Doch können Hyperlinks auch herausfordernd sein. Sie können zu einem echten Labyrinth werden – ein Wissenslabyrinth mit unzähligen, meist interessanten Türen, durch die Sie hindurchgehen und in neue Räume voller Wissen treten. Das kann jedoch auch dazu führen, dass Sie sich verlaufen und an einer ganz anderen Stelle herauskommen als ursprünglich geplant. Hyperlinks können sich als zeitraubende Fuchslöcher entpuppen, die jedoch leider nicht zum Ziel führen, sondern die Leser*innen eher vom eigentlichen Thema ablenken – insbesondere dann, wenn ein Thema für sie vollständig neu ist. Was können Sie also tun, um sich nicht zu verlaufen? Öffnen Sie Hyperlinks in neuen Tabs, um dann schneller zum Ausgangstext zurückkehren zu können.

Ob Hyperlinks dabei helfen, Texte mit verschiedenen Positionen besser zu integrieren, ist noch nicht ganz geklärt. Auf der einen Seite können die Verlinkungen die Leser*innen zusätzlich auf die Widersprüche aufmerksam machen. Auf der anderen Seite können Sie aber auch eine zusätzliche Belastung für unser Arbeitsgedächtnis darstellen, wenn wir Textinhalte aus zwei durch einen Hyperlink verbundenen Texten präsent halten müssen. Zu diesem Thema ist noch mehr Forschungsarbeit nötig, um eine genauere Aussage treffen zu können.

3.3.5.4 Nicht herkömmliche Textsorten

Als nicht herkömmliche Textsorten gelten Texte im Internet, die soziale Interaktionen in einen digitalen Raum übertragen. Dazu gehören Blogs, Webforen, Kommentare und Messengerdienste (Bråten et al., 2020). In einem Webforum müssen Sie verschiedene Antworten auf eine

Frage von unterschiedlichen Nutzer*innen zu einem mentalen Bild integrieren. Das entspricht dem Lesen verschiedener Texte zu einem Thema im Kleinformat. Auch hier müssen Sie nicht nur auf die Inhalte der Antworten achten, sondern auch auf die jeweiligen Nutzer*innen (Wer sagt was?). Hinzu kommt, dass möglicherweise Autor*in A mehrere Aussagen in einem Webforum macht, so dass Sie diese ebenfalls der Person zuordnen und inhaltlich integrieren müssen.

Blogs unterscheiden sich von Fachartikeln, indem sie Umgangssprache anstatt Fachsprache verwenden, die zwar besser verständlich, aber auch unpräziser sein kann. Darüber hinaus entspricht die Argumentation von nicht herkömmlichen Texten nicht der eines Fachtexts. Häufig führen Nutzer*innen persönliche Anekdoten an, um ihren Standpunkt zu untermauern.

Darüber hinaus können Kommentare von Nutzer*innen auf beispielsweise Nachrichtenseiten beeinflussen, wie Sie den Inhalt des Artikels wahrnehmen, wenn Sie diese im Anschluss an den Artikel lesen. Besonders wenn die Kommentare sehr extrem und unzivilisiert ausfallen, bleiben diese länger präsent als die ausbalancierte Sichtweise im Originalartikel.

Literatur

Abendroth, J., Feulner, L., & Richter, T. (2020). Wie Menschen mit konfligierenden Informationen umgehen. In M. Appel (Hrsg.), *Die Psychologie des Postfaktischen: Über Fake News, „Lügenpresse", Clickbait & Co.* (S. 141–155). Springer. https://doi.org/10.1007/978-3-662-58695-2_13.

Barzilai, S., Tal-Savir, D., Abed, F., Mor-Hagani, S., & Zohar, A. R. (2021). Mapping multiple documents: From constructing multiple document models to argumentative writing. *Reading and Writing*. https://doi.org/10.1007/s11145-021-10208-8.

Bråten, I., Braasch, J. L. G., & Salmerón, L. (2020). Reading multiple and non-traditional texts new opportunities and new challenges. In E. B. Moje, P. P. Afflerbach, P. Enciso, & N. K. Lesaux (Hrsg.), *Handbook of Reading Research, Volume V* (1. Aufl., S. 79–98). Routledge. https://doi.org/10.4324/9781315676302.

Bromme, R., & Kienhues, D. (2014). Wissenschaftsverständnis und Wissenschaftskommunikation. In T. Seidel & A. Krapp (Hrsg.), *Pädagogische Psychologie: Mit Online-Materialien* (6., vollständig überarbeitete Aufl., S. 55–81). Beltz.

Bundesregierung. (o. J.). *Niemand hat die Absicht, eine Mauer zu errichten!* Die Bundesregierung informiert | Startseite. https://www.bundesregierung.de/breg-de/themen/deutsche-einheit/-niemand-hat-die-absicht-eine-mauer-zu-errichten--393932.

Delgado, P., Stang Lund, E., Salmerón, L., & Bråten, I. (2020). To click or not to click: Investigating conflict detection and sourcing in a multiple document hypertext environment. *Reading and Writing, 33*(8), 2049–2072. https://doi.org/10.1007/s11145-020-10030-8.

Dunlosky, J., Rawson, K. A., Marsh, E. J., Nathan, M. J., & Willingham, D. T. (2013). Improving students' learning with effective learning techniques: Promising directions from cognitive and educational psychology. *Psychological Science in the Public Interest, 14*(1), 4–58. https://doi.org/10.1177/1529100612453266.

Grassinger, R., Dickhäuser, O., & Dresel, M. (2019). Motivation. In D. Urhahne, M. Dresel, & F. Fischer (Hrsg.), *Psychologie für den Lehrberuf* (S. 207–227). Springer. https://doi.org/10.1007/978-3-662-55754-9_11.

Haverkamp, Y. E., Bråten, I., Latini, N., & Salmerón, L. (2022). Is it the size, the movement, or both? Investigating effects of screen size and text movement on processing, understanding, and motivation when students read informational text. *Reading and Writing.* https://doi.org/10.1007/s11145-022-10328-9.

Hendriks, F., & Kienhues, D. (2019). 2. Science understanding between scientific literacy and trust: Contributions from psychological and educational research. In A. Leßmöllmann, M. Dascal, & T. Gloning (Hrsg.), *Science

Communication (S. 29–50). De Gruyter. https://doi.org/10.1515/9783110255522-002.

Hendriks, F., Mayweg-Paus, E., Felton, M., Iordanou, K., Jucks, R., & Zimmermann, M. (2020). Constraints and affordances of online engagement with scientific information—A literature review. *Frontiers in Psychology, 11*, 572744. https://doi.org/10.3389/fpsyg.2020.572744.

Kammerer, Y., Brand-Gruwel, S., & Jarodzka, H. (2018). The future of learning by searching the web: Mobile, social, and multimodal. *Frontline Learning Research, 6*(2), 81–91. https://doi.org/10.14786/flr.v6i2.343.

Kling, M.-U. (2014). *Das Känguru-Manifest: Der Känguru-Chroniken zweiter Teil; witzig* (Orig.-Ausg., 14. Aufl.). Ullstein.

Leroy, C., & Kammerer, Y. (2022). Reading multiple documents on a health-related issue: The roles of a text-highlighting tool and re-reading behaviour in integrated understanding. *Behaviour & Information Technology*. https://doi.org/10.1080/0144929X.2022.2118077.

List, A., & Alexander, P. A. (2017). Analyzing and integrating models of multiple text comprehension. *Educational Psychologist, 52*(3), 143–147. https://doi.org/10.1080/00461520.2017.1328309.

List, A., & Alexander, P. A. (2020). Strategy use in learning from multiple texts: An investigation of the integrative framework of learning from multiple texts. *Frontiers in Education, 5*, 578062. https://doi.org/10.3389/feduc.2020.578062.

Paul, J., Macedo-Rouet, M., Rouet, J.-F., & Stadtler, M. (2017). Why attend to source information when reading online? The perspective of ninth grade students from two different countries. *Computers & Education, 113*, 339–354. https://doi.org/10.1016/j.compedu.2017.05.020.

Salmerón, L., Kammerer, Y., & García-Carrión, P. (2013). Searching the web for conflicting topics: Page and user factors. *Computers in Human Behavior, 29*(6), 2161–2171. https://doi.org/10.1016/j.chb.2013.04.034.

Saux, G., Britt, M. A., Vibert, N., & Rouet, J. (2021). Building mental models from multiple texts: How readers construct coherence from inconsistent sources. *Language and Linguistics Compass, 15*(3). https://doi.org/10.1111/lnc3.12409.

Scharrer, L., Rupieper, Y., Stadtler, M., & Bromme, R. (2017). When science becomes too easy: Science popularization inclines laypeople to underrate their dependence on experts. *Public Understanding of Science, 26*(8), 1003–1018. https://doi.org/10.1177/0963662516680311.

Stadtler, M., Bromme, R., & Rouet, J.-F. (2014). „Science meets Reading": Worin bestehen die Kompetenzen zum Lesen multipler Dokumente zu Wissenschaftsthemen und wie fördert man sie. *Unterrichtswissenschaft, 42*(1), 55–68.

Stanford History Education Group. (o. J.). *Home | Civic Online Reasoning.* https://cor.stanford.edu/. Zugegriffen: 1. Dez. 2022.

Wineburg, S., Breakstone, J., Ziv, N., & Smith, M. (2020). Educating for Misunderstanding: How Approaches to Teaching Digital Literacy Make Students Susceptible to Scammers, Rogues, Bad Actors, and Hate Mongers. (Working Paper A-21322, Stanford History Education Group, Stanford University, Stanford, CA). https://purl.stanford.edu/mf412bt5333. Zugegriffen: 1. Dez. 2022.

4

Was bringen Sie mit? – Einflussfaktoren beim Umgang mit Informationen

Zusammenfassung In diesem Kapitel erhalten Sie einen Überblick, wie beispielsweise verschiedene Persönlichkeitseigenschaften, kognitive Fähigkeiten, Überzeugungen und Werte unsere Informationsverarbeitung beeinflussen können. Denn nicht jede*r Leser*in bringt die gleichen Voraussetzungen mit, um Texte und die darin enthaltenen Inhalte zu verstehen. Daher ist auch der Einsatz von Wissens- und Lesestrategien wertvoll. Zusätzlich können unsere Motivation und Emotionen darauf einwirken, wie wir nach Informationen suchen, diese verarbeiten und zusammenführen. Das Kapitel besteht aus verschiedenen Themenbausteinen, die alle mit unserer Informationsverarbeitung zusammenhängen. Am Ende des Kapitels werden diese zusätzlich unter der Überschrift des selbstregulierten Lernens betrachtet.

Nehmen wir an, Sie lesen einen Zeitungsartikel zu einem Thema, mit dem Sie sich nicht besonders gut auskennen, das Sie aber dennoch interessiert. Sie lesen den Artikel aufmerksam und in Ruhe. Doch plötzlich stellen Sie fest, dass der Artikel Ihren persönlichen Ansichten stark widerspricht. Vielleicht ärgert Sie sogar der Standpunkt, der im Artikel vertreten wird. Sie bemerken, wie Sie beginnen, sich aufzuregen. Möglicherweise liest zur gleichen Zeit eine andere Person in Ihrer Stadt den gleichen Artikel in der Tageszeitung. Diese Person kennt sich hingegen sehr gut mit dem Thema aus und liest den Artikel kurz durch. Das Geschriebene passt zur persönlichen Einstellung der Person. Da der Artikel nicht viele neue Informationen für die Person bereithält, ist sie eher gelangweilt vom Inhalt und geht zum nächsten Artikel über. Wir haben also einen Zeitungsartikel und zwei Personen, die die darin enthaltenen Informationen sehr unterschiedlich aufnehmen – abhängig davon, was sie bereits über das Thema wussten sowie von ihrer persönlichen Einstellung und ihrem Interesse am Thema. Das sind jedoch nur ein paar mögliche Faktoren, in denen sich Menschen unterscheiden können und die deren Informationsaufnahme beeinflussen.

In der psychologischen Forschung geht es meist um die Frage, was viele Menschen gemeinsam haben. Einzelfälle sind dabei weniger interessant. So kann man beispielsweise herausfinden, welche Maßnahmen möglichst vielen Menschen weiterhelfen. Doch die psychologische Forschung untersucht auch, was Gruppen von Menschen unterscheidet – schließlich sind wir nicht alle gleich. Diese Frage lässt sich auch auf den Umgang mit Informationen anwenden und steht in diesem Kapitel im Mittelpunkt.

Noch eine kleine Anmerkung bevor ich genauer auf die einzelnen Faktoren eingehe: Bei der Recherche zu den nachfolgenden Themen stellte ich fest, dass noch viele Fragen zu den Einflussfaktoren ungeklärt sind. Das ist natürlich nichts Neues, wenn man sich mit Forschung beschäftigt. Es gibt meist mehr Fragen als Antworten. Die Forschung zum Thema dieses Buches ist im Vergleich zur Gedächtnisforschung noch recht jung. Während der Umgang mit verschiedenen Texten früher nur für wenige Menschen und Berufsgruppen relevant war, betrifft er dank technischen Fortschritts heutzutage fast jede*n. Daher hat die Forschung das Thema erst in den letzten Jahrzehnten verstärkt untersucht.

4.1 Vorwissen

Dass Menschen zu verschiedenen Themen unterschiedlich viel Wissen besitzen, ist Ihnen vermutlich bewusst. Sie wissen andere Dinge als ich oder als Ihre Nachbar*innen. Jeder Mensch macht in seinem Leben individuelle Erfahrungen, die unterschiedliches Wissen mit sich bringen. Jeder Beruf benötigt gesondertes Expert*innenwissen. Hobbies sind bei dieser Aufzählung ebenfalls nicht zu vernachlässigen, denn auch dabei bauen manche Menschen ganz erstaunliches Expert*innenwissen zu den exotischsten Themen auf. Das Wissen, das Menschen zu einem Thema bereits besitzen, wird auch als Vorwissen bezeichnet. Ihr Vorwissen beeinflusst wiederum, worauf sie ihre Aufmerksamkeit richten und welche Informationen sie wahrnehmen und verarbeiten. Es beeinflusst, welche Informationen sie für wichtig halten, wie sie diese verstehen und was sie sich behalten. Was wir bereits wissen, beeinflusst somit, wie wir neues Wissen aufnehmen.

Das Vorwissen spielt auch beim Lernen eine wichtige Rolle. Wenn Sie sich etwas länger behalten möchten, ist es strategisch sinnvoll, das neue Wissen mit Ihrem Vorwissen zu verbinden (Krause & Stark, 2006). Dazu müssen Sie Ihr Vorwissen im Langzeitgedächtnis aktivieren. So gelangt es in Ihr Arbeitsgedächtnis und Sie können dort

Vorwissen und neues Wissen verknüpfen. Erinnern Sie sich noch an das Beispiel mit dem Büro aus dem zweiten Kapitel? Wenn Sie bereits einen gut sortierten und beschrifteten Ordner in Ihrem Regal (Langzeitgedächtnis) haben und somit Vorwissen besitzen, dann können Sie den Ordner herausziehen und auf Ihrem Schreibtisch aufschlagen (Sie aktivieren Ihr Vorwissen). Anschließend ordnen Sie die neuen Informationen an die entsprechende Stelle im Ordner (Sie verknüpfen bestehendes und neues Wissen). So sind die neuen Informationen an der richtigen Stelle abgeheftet und Sie finden sie beim nächsten Mal schnell wieder. Wenn Sie hingegen eine neue Information erhalten, aber keine Ordner dazu besitzen, was machen Sie dann damit? Sie können einen neuen Ordner anlegen, jedoch nur, wenn die Information ausreichend wichtig für Sie ist. Vielleicht wissen Sie aber auch nicht wohin mit der neuen Information. Dann kommt sie in eine Ablage oder wird einfach vergessen. (An dieser Stelle nochmal der Hinweis: Unser Gehirn ist natürlich kein Büro mit Ablagen, Schreibtisch und Regalen mit Ordnen, sondern ein neuronales Netzwerk.)

Möchten Sie also neue Informationen aufnehmen und dieses Wissen langfristig speichern, ist es hilfreich, das eigene Vorwissen zu aktivieren (Krause & Stark, 2006). Das passiert häufig automatisch, wenn Sie bestimmte Begriffe lesen oder an Sachverhalte denken. Wenn Sie jetzt das Wort „Apfel" lesen, fallen Ihnen vermutlich schnell Begriffe und Bilder ein, die damit im Zusammenhang stehen, zum Beispiel Wörter wie Apfelbaum, Apfelmus, Apfelsaft, Obst, Spätsommer und so weiter. Sie können Ihr Vorwissen jedoch auch bewusst aktivieren und die Methode des Brainstormings anwenden (Krause & Stark, 2006). Dazu fragen Sie sich: Was fällt mir spontan zu diesem Thema ein? Auch Mindmaps

4 Was bringen Sie mit? – Einflussfaktoren beim …

(Abb. 4.1), Conceptmaps (Abb. 4.2) oder Flussdiagramme (Abb. 4.3) können Ihnen helfen, Ihr bestehendes Wissen zu aktivieren und zu ordnen. Vielleicht haben Sie auch schon eigene Erfahrungen zu dem Thema in Ihrem Alltag gemacht oder Erfahrungsberichte von Anderen gehört. Diese Informationen können ein Startpunkt sein, um Vorwissen zu aktivieren. Auch Fragen oder Vermutungen (Hypothesen), die Sie bereits zum Thema haben, können Sie sich notieren. Sowohl bei den Erfahrungen und Anekdoten als auch bei den Vermutungen sollten Sie jedoch etwas vorsichtig sein. Diese können zu Fehlvorstellungen und letztlich in eine falsche Richtung führen. Denn Menschen neigen dazu, neue Informationen so zu interpretieren, dass diese zum eigenen Vorwissen passen (Abendroth et al., 2020).

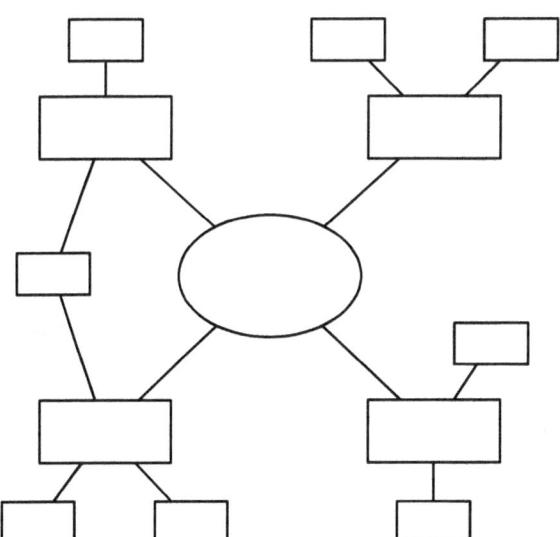

Abb. 4.1 Beispiel für ein Mindmap

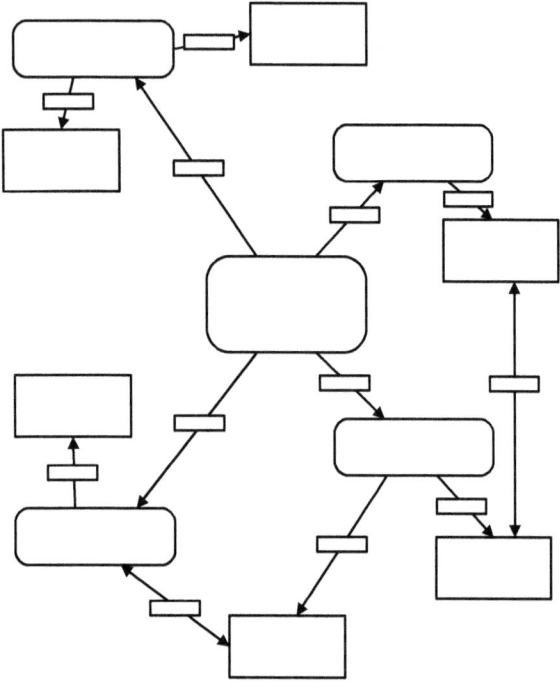

Abb. 4.2 Beispiel für ein Conceptmap

Vorwissen ist also ein zweischneidiges Schwert. Auf der einen Seite kann es sehr hilfreich sein, wenn man etwas Neues lernen möchte. Auf der anderen Seite kann es auch problematisch sein, vor allem wenn es falsch ist. Nicht alles Wissen, an das wir uns erinnern, ist auch korrekt (Zoelch et al., 2019). Das kann zum einen daran liegen, dass Erinnerungen sich über die Zeit verändern und zum anderen kann man etwas von Anfang an falsch verstanden haben und damit eine Fehlvorstellung zu einem Thema besitzen. Vor allem zu wissenschaftlichen Themen haben Menschen häufiger Fehlvorstellungen, wie beispielsweise zur Entstehung der Jahreszeiten.

4 Was bringen Sie mit? – Einflussfaktoren beim …

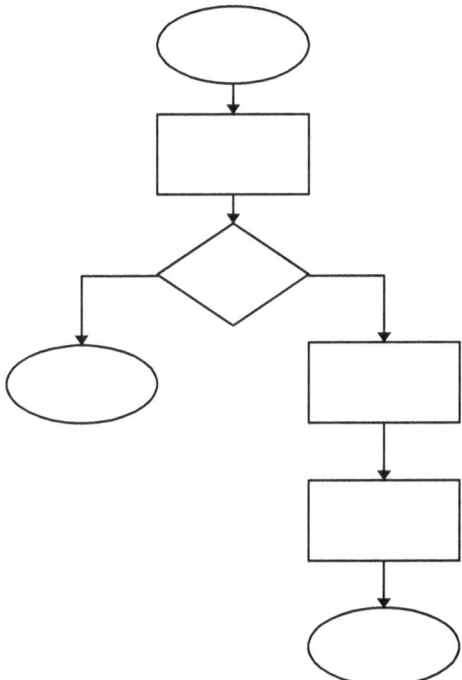

Abb. 4.3 Beispiel für ein Flussdiagramm

Diese Fehlvorstellungen bestehen sogar über die Schulzeit hinaus, auch wenn es im Unterricht (wahrscheinlich) richtig vermittelt wurde. Die Physik-Professorin Bärbel Fromme (Fromme, 2018) von der Universität Bielefeld hat sich verschiedene Fehlvorstellungen von Studienanfänger*innen aus den Bereichen Physik und Sachkunde genauer angesehen. Darunter war auch das Thema „Jahreszeiten".

> **Beispiel**
>
> Testen Sie sich doch gleich einmal selbst mit dieser Frage aus der Studie:
> „Die Jahreszeiten entstehen, weil:
> Die Erde im Laufe eines Jahres mal näher und mal weiter von der Sonne entfernt ist (elliptische Umlaufbahn der Erde).
> ja ☐   nein ☐   bin mir unsicher ☐
>
> Die Erde „schief steht" (Neigung der Erdachse).
> ja ☐   nein ☐   bin mir unsicher ☐
>
> Der Mond mal näher und mal weiter von der Erde entfernt ist.
> ja ☐   nein ☐   bin mir unsicher ☐" (Fromme, 2018, S. 213)
>
> (Richtige Antwort ist: …weil die Erde „schief steht" (Neigung der Erdachse)).

Sollten Sie die richtige Antwort nicht gewusst haben und stattdessen vermutet haben, es liegt an der elliptischen Umlaufbahn der Erde, dann sind Sie damit nicht allein. Das ist nämlich die häufigste Fehlannahme zu diesem Thema. Auch von den befragten 181 Studienanfänger*innen wussten im Fach Physik nur 46 % die richtige Antwort und in der Ringvorlesung „Natur- und Gesellschaftswissenschaften im Sachunterricht" waren es 20 %.

> **Was können Sie tun, um Ihr Vorwissen zu nutzen?**
>
> Sie können Ihr Vorwissen aktivieren und sich überlegen: Was weiß ich bereits zum Thema? Welche Fachwörter oder Methoden kenne ich bereits? Beachten Sie dabei, dass Ihr Vorwissen (z. B. bei wissenschaftlichen Themen) auch Fehlvorstellungen beinhalten kann. Anschließend überprüfen Sie, was Ihnen noch fehlt, um Ihre Suche zu konkretisieren: Welche Fragen zum Thema sind noch offen und was möchte ich genau herausfinden oder beantworten?

4.2 Expertise

Eng mit dem Thema Vorwissen ist auch der Begriff Expertise verbunden. Expert*innen wissen zu einem bestimmten Thema oder Themenbereich besonders viel. Wenn Sie schon ein paar Jahre in einem Beruf arbeiten, kennen Sie dazu bestimmte Methoden und Fachbegriffe, die anderen Menschen nicht geläufig sind. Sie besitzen also Expert*innenwissen. Mit diesem tiefen Wissen zu einem Thema können Sie dann auch schneller neues Wissen auf dem Themengebiet aufnehmen.

Wenn Sie sich einen interessanten Vortrag zu einem beruflichen Thema anhören, nehmen Sie vermutlich recht viele Informationen daraus mit. Das neue Wissen aus dem Vortrag passt gut zu Ihrem Vorwissen und Sie können viele Anknüpfungspunkte zu Ihrem Arbeitsalltag herstellen. Doch was würde passieren, wenn Sie aus Versehen in einem anderen Raum landen und dort einen Vortrag zu einem Thema hören, mit dem Sie sich überhaupt nicht auskennen? Sie könnten sicher einige Punkte daraus mitnehmen, wenn Sie motiviert zuhören. Doch die Details könnten Sie vielleicht nicht erfassen. Vermutlich würde Ihnen sogar das passende Vokabular fehlen, um anschließend wiederzugeben, was Sie gerade im Vortrag gehört haben.

Doch was macht Expert*innen eigentlich aus? Es geht dabei nicht nur um das Wissen, das Expert*innen besitzen, sondern auch um die Strategien und Methoden, die sie anwenden (Kozma, 2020). Expert*innen haben ihr Wissen gut strukturiert abgespeichert. Wenn sie Probleme angehen, analysieren sie diese länger als Nicht-Expert*innen, bevor sie zur Problemlösung übergehen. Expert*innen können darüber hinaus verschiedene Darstellungsformen von Informationen, wie beispielsweise

Formeln, Fachbegriffe oder Diagramme, schneller verbinden oder ineinander überführen. Fachfremde Personen beziehen sich hingegen eher auf persönliche Erfahrungen oder oberflächliche Merkmale.

> **Beispiel**
>
> Ein oft zitiertes Beispiel zum Thema Expertise kommt aus dem Bereich Schach (Renkl, 2015). Sie sehen für wenige Sekunden ein Schachbrett mit einer bestimmten Figurenkonstellation. Anschließend sollen Sie sagen, wo welche Schachfigur stand. Wenn Sie nie Schach spielen, wird Ihnen diese Aufgabe schwer fallen. Vielleicht kennen Sie nicht mal die Namen aller Schachfiguren und können sich in der kurzen Zeit auch nicht merken, wo welche Figur genau stand. Wenn Sie jedoch häufiger Schach spielen und somit eine Expertise entwickelt haben, sehen Sie nicht nur einzelne Figuren auf einem Schachbrett. Sie analysieren das gezeigte Bild und sehen einen spezifischen Spielzug oder eine Situation. Sie erkennen ein sinnhaftes Muster, das Sie dann auch einfacher behalten und wiedergeben können.

Wie kann Ihr Vorwissen Sie nun dabei unterstützen, verschiedene Texte zu einem Thema zu lesen und zu verstehen? Dazu unterscheiden wir am besten in allgemeines Vorwissen und Expert*innenwissen. Ein allgemeines Vorwissen ist zum einen hilfreich, um Textinhalte generell zu verstehen. Zum anderen unterstützt es Sie auch dabei, verschiedene Textsorten (z. B. Nachricht oder Kommentar) und deren Quellen und Kontexte richtig einzuordnen. Expert*innenwissen geht noch einen Schritt weiter, weil Sie damit verschiedene Argumentationen oder Annahmen der Autor*innen besser einordnen können. Sie verstehen die Details und Fachwörter besser. Darüber hinaus können Sie mehr Verbindungen zwischen verschiedenen Texten herstellen und somit ein genaueres Bild aus Quellen und Argumenten in Ihrem Kopf zeichnen. Über Expert*innenwissen verfügen Sie jedoch meist nur in einem Fachbereich oder einer Domäne, da dieses Wissen auf jahrelanger Ausbildung und spezifischen Erfahrungen beruht (Gruber et al., 2019).

In einer Studie untersuchten der Forscher Ivar Bråten und sein Team (Bråten et al., 2014) von der Universität Oslo, welche Faktoren das Textverständnis bei verschiedenen Texten zu einem Thema beeinflussen. Dazu legten sie 279 norwegischen Oberstufenschüler*innen fünf wissenschaftliche Texte zum Thema Sonnenbaden und Gesundheit vor. Zuvor erfassten die Forscher*innen das Vorwissen der Schüler*innen mit einem Wissenstest. Die Ergebnisse der Studie zeigten, dass die Schüler*innen umso besser im Textverständnistest über die fünf Texte abschnitten, je mehr Vorwissen sie zum Thema hatten. Zusätzlich zeigte sich auch ein indirekter Zusammenhang: Je mehr Vorwissen die Schüler*innen hatten, desto mehr tiefergehende Lesestrategien wendeten sie an, was sich wiederum positiv auf das Textverständnis auswirkte.

> **Was können Sie tun, wenn Sie auf ein komplexes Thema treffen?**
>
> Denken Sie daran: Expert*innen sehen mehr und andere Zusammenhänge. Wenn Sie bereits viel Vorwissen zu einem Thema mitbringen (und somit Expert*in sind), fällt Ihnen der Umgang mit neuen Informationen leichter, da Sie schon mit Fachworten und Methoden vertraut sind und Probleme besser analysieren können. Somit können Sie sich viel mehr neue Informationen zu Ihrem Expert*innenthema zumuten, ohne dass Sie Ihr Arbeitsgedächtnis überlasten. Neue und für Sie unbekannte Themen müssen Sie hingegen langsamer angehen.

4.3 Arbeitsgedächtnis

Das Thema Vorwissen ist auch eng mit dem Arbeitsgedächtnis verknüpft, das Sie bereits im zweiten Kapitel kennengelernt haben. Das Arbeitsgedächtnis war im dortigen Beispiel unser Schreibtisch, an dem wir arbeiten und denken. Wie groß Ihr Schreibtisch ist und wie viel Sie dort bearbeiten können, ist unter anderem von Ihrer Expertise und Ihrem Vorwissen zum Thema abhängig. Bildlich gesprochen: Als Expert*in nutzen Sie einen großen und komfortablen Schreibtisch. Als Neuling mit nur wenig Expertise, haben Sie nur den kleinen Klapptisch. Wenn Sie sich in einem Thema nicht auskennen, kann schon ein mehrsilbiges und schwieriges Fachwort das gesamte Arbeitsgedächtnis belegen. Schon wenn Sie nur versuchen, dieses zu wiederholen, benötigen Sie für die ungewohnten Silben die gesamte Kapazität. Es ist gar nicht daran zu denken, dass Sie dieses Fachwort locker in einen Satz einbauen oder weitere Überlegungen dazu anstellen.

Wenn Sie nun auf die Idee kommen, dass Sie nur zu einem einzigen Thema Expertise aufbauen müssen, um Ihre Arbeitsgedächtniskapazität in allen Bereichen zu erhöhen, muss ich Sie enttäuschen. Denn Ihre Arbeitsgedächtniskapazität ist sozusagen themenspezifisch. Während Sie bei Ihrem Expert*innenthema den großen Schreibtisch nutzen können, schrumpft dieser zum Klapptisch, sobald es um ein Thema geht, mit dem Sie sich überhaupt nicht auskennen.

Darüber hinaus gibt es weitere Faktoren, die die Leistung unseres Arbeitsgedächtnisses beeinflussen oder beeinträchtigen, beispielsweise Müdigkeit. Wenn Ihnen beim Arbeiten schon die Augen zufallen, werden Sie sicher keine Höchstleistungen beim Denken vollbringen.

4 Was bringen Sie mit? – Einflussfaktoren beim ...

Auch um Textinhalte zu verstehen, brauchen Sie Ihr Arbeitsgedächtnis. Denn in diesem können Sie neu gelesene Informationen mit Ihrem Vorwissen zusammenbringen (Barzilai & Strømsø, 2018). Textverständnis und Arbeitsgedächtniskapazität gehen somit Hand in Hand. Je komplexer und schwieriger Texte werden und je mehr Texte zu einem Thema Sie inhaltlich zu einem mentalen Bild zusammenfügen möchten, desto stärker ist Ihr Arbeitsgedächtnis beansprucht.

In einer weiteren Studie aus Norwegen untersuchten Jason L.G. Braasch und Kollegen (Braasch et al., 2014) unter anderem, wie Arbeitsgedächtniskapazität und Vorwissen das Verständnis verschiedener Texte zu einem Thema beeinflussen. Dazu legten sie 59 Oberstufenschüler*innen jeweils sechs Sachtexte zum Wetterphänomen El Niño im Pazifischen Ozean vor, welche diese lesen und anschließend verschiedene Aufgaben dazu bearbeiten sollten. Mit den gesammelten Daten der Schüler*innen erstellten die Forscher ein statistisches Vorhersagemodell. Dabei testet man, wie gut verschiedene Variablen ein Kriterium vorhersagen. (Beispielsweise kann eine Abschlussnote eine Vorhersagevariable für den weiteren Bildungsweg und damit verbundene Abschlüsse (Kriterium) sein.) Nach Auswertung der Daten fanden die Forscher heraus, dass sowohl die Arbeitsgedächtniskapazität als auch das Vorwissen bedeutende Vorhersagekraft für das Verständnis verschiedener Texte zu einem Thema hatten. Die Arbeitsgedächtniskapazität war eine wichtige Vorhersagevariable, um die hilfreichen Texte zu Thema von den weniger hilfreichen zu unterscheiden. Darüber hinaus brauchten die Schüler*innen die Kapazität ihres Arbeitsgedächtnisses auch, um Aufgaben zu lösen, bei denen sie Schlussfolgerungen aus den Texten ziehen mussten. Die Variable Vorwissen sagte hingegen vorher, wie viele wissenschaftliche Konzepte die Schüler*innen in ihren Aufsätzen anführten und für wie vertrauenswürdig sie die Texte einschätzten. Somit sind sowohl das Arbeitsgedächtnis als auch das Vorwissen entscheidend, um verschiedene Texte zu einem Thema gut bearbeiten und Schlussfolgerungen daraus ziehen zu können.

Auch die Merkmale eines Textes können dazu beitragen, dass das Textverständnis erschwert und somit das Arbeitsgedächtnis stärker gefordert wird. Das passiert beispielsweise…

- wenn zusammenhängende Informationen an unterschiedlichen Stellen im Text stehen,
- wenn uneinheitliche Begriffe verwendet werden oder
- wenn der Text unwichtige oder sogar irreführende Informationen enthält.

Das bedeutet für Sie als Leser*in, dass Sie zum einen auf diese Punkte achten sollten und zum anderen selbst aktiv werden können, um die Texte entsprechend zu bearbeiten oder für sich zusammenzufassen. Sie können zusammengehörige Textteile selbstständig verbinden oder sich hilfreiche Notizen dazu anfertigen. Wenn Sie jedoch kein*e Expert*in sind und Informationen von mehreren schwierigen Texten und deren Quellen im Kopf behalten und zusätzlich noch Verbindungen zwischen den Texten und Argumenten ziehen wollen, haben Sie viel Arbeit vor sich. Dann kann es passieren, dass Sie kognitiv überlastet sind. Oder Sie kommen zu einem falschen Ergebnis, weil Sie die Informationen nicht richtig verstanden oder durcheinander gebracht haben.

Eine Form der kognitiven Überlastung kennen Sie vielleicht, wenn Sie versuchen, einen ganzen Tag bei einer Konferenz oder Fortbildung neue Informationen aufzunehmen. Irgendwann haben Sie das Gefühl, dass Ihr Kopf voll ist und Sie nichts Neues mehr behalten können. In

Ihrem Langzeitgedächtnis wäre natürlich genügend Platz für neue Informationen, aber die Kapazität des Arbeitsgedächtnisses ist begrenzt. Das bedeutet, dass Sie Zeit und auch Pausen brauchen, um die neuen Informationen auszuwählen, zu organisieren und in Ihr bestehendes Wissen zu integrieren.

> **Was können Sie tun, um Ihr Arbeitsgedächtnis nicht zu überlasten?**
>
> Achten Sie vor allem bei für Sie neuen Themen darauf, Ihr Arbeitsgedächtnis nicht zu überlasten. Nutzen Sie Strategien, um Ihr Arbeitsgedächtnis zu unterstützen und Informationen auszuwählen, zu organisieren und zu integrieren. Teilen Sie Ihre Informationssuche auf mehrere Termine auf, anstatt stundenlang zu einem Thema zu lesen.

4.4 Wissens- und Lesestrategien

Wann immer etwas schwer zu bewältigen ist oder Probleme zu lösen sind, können Ihnen Strategien weiterhelfen. Auch Sie haben in Ihrem Leben vermutlich schon einige Strategien in unterschiedlichen Lebensbereichen gelernt und angewendet. Beispielsweise kann es eine Strategie sein, eine Atemübung durchzuführen, wenn Sie sich gestresst fühlen. Wer viele Strategien kennt, weiß vor allem in kritischen Situationen schnell und sicher, was zu tun ist. Für den Umgang mit verschiedenen Texten gibt es ebenfalls unterschiedliche Strategien, die Sie nutzen können. So vermeiden Sie, dass Sie so wie ich im Beispiel „Trinkflasche" zu Beginn des Buches reagieren (ich diene an dieser Stelle gern als schlechtes Beispiel). Dabei habe ich die Informationssuche einfach entnervt abgebrochen, weil ich keine passende Flasche gefunden habe. Bereits im dritten Kapitel waren Strategien enthalten, wie Sie besser mit Informationen umgehen können und die Sie hier wiederentdecken werden.

Die norwegischen Forscher Ivar Bråten und Helge Strømsø (Bråten & Strømsø, 2011) haben einen Fragebogen erstellt, um Strategien beim Lesen verschiedener Texte zu erfassen. Dabei nutzen sie die Einteilung in oberflächliche und tiefere Lesestrategien. (Auch wenn es sich hier um einen Fragebogen handelt, enthält dieser jedoch keine Fragen, sondern Aussagen, die die Befragten dann auf einer Antwortskala bewerten sollten.) Die Aussagen zu den oberflächlichen Strategien haben die Forscher unter der Überschrift **„Ansammlung"** zusammengefasst. Darin sind Aussagen enthalten wie „Ich versuche mir möglichst viele Informationen/Fakten aus den Texten zu merken". Ziel der Strategie ist es also, viele Informationen zu sammeln und sich einzuprägen.

Bei dem Begriff „oberflächliche Strategie" könnte man meinen, dass es sich dabei um eine schlechte Vorgehensweise handelt. Schon das Wort „oberflächlich" ist häufig negativ geprägt. Bei (Lern-)Strategien ist das jedoch nicht der Fall. Wenn ein Thema ganz neu für Sie ist, können Sie nicht wie ein*e Expert*in vorgehen – Ihnen fehlen Wissen, Strukturen und Analysemethoden. Das bedeutet, Sie müssen klein anfangen. Also schreiben Sie sich im ersten Schritt erst mal wichtige Fachbegriffe und deren Bedeutung heraus und versuchen sich auf diese Weise, so viele Informationen wie möglich zu merken. Dieses Vorgehen ist nicht negativ zu bewerten, sondern lediglich eine oberflächliche Anfänger*innenstrategie. Diese Strategie können Sie später ablegen, wenn Sie mehr Wissen besitzen (Alexander et al., 2018).

Nehmen wir an, Sie haben sich schon einen kleinen Überblick über das Thema verschafft. Denn möglicherweise können Sie Ihre ursprüngliche Frage nicht einfach damit beantworten, dass Sie sich nur Fakten merken. Sie gehen also zu den tieferen Strategien über. Im Fragebogen gibt es dazu die Überschrift **„Elaboration (Verknüpfung) zwischen verschiedenen Texten"**, welche die drei folgenden Strategien umfasst:

- **Vergleichen:** „Ich vergleiche verschiedene Inhalte oder Erklärungen zwischen Texten."
- **Kontrastieren bzw. Gegenüberstellen:** „Ich versuche, widersprüchliche Aussagen oder gegensätzliche Erklärungen in den Texten zu finden."
- **Integrieren bzw. Zusammenfügen:** „Ich versuche, mir ein vollständiges Bild von einem Thema zu machen."

Diese Strategien gehen deutlich darüber hinaus, sich bloße Informationen und Fakten zu merken, und verlangen, dass Inhalte tiefer verarbeitet werden. Auch Ihr Arbeitsgedächtnis wird dabei stärker beansprucht. Wenn Sie jedoch diese Strategien anwenden, haben Sie am Ende ein deutlich klareres und differenzierteres Bild zu einem Thema.

Der Fragebogen ist eine eher grobe Einteilung der Strategien. Ich möchte Ihnen gern noch etwas mehr zumuten. Der Grund dafür ist, dass Strategien zu kennen und diese richtig anzuwenden, wirklich hilfreich sein kann. Was Sie anschließend mit diesem Wissen anstellen, bleibt selbstverständlich Ihnen überlassen. Doch manchmal hilft es schon, das eigene Handeln zu überdenken und zu reflektieren. Wie gehen Sie vor, wenn Sie nach Informationen suchen? Haben Sie einen strikten Ablauf an Arbeitsschritten, den Sie abarbeiten? Lassen Sie die Informationen auf sich zukommen und folgen dann der vielversprechendsten? Beobachten Sie Ihr Vorgehen doch einfach das nächste Mal, wenn Sie nach Informationen suchen. Vielleicht denken Sie sogar an dieses Kapitel und probieren ein paar neue Strategien aus, die Ihnen weiterhelfen.

Eine weitere Einteilung von Strategien zum Lesen verschiedener Texte im Internet haben die amerikanischen Forscher Byeong-Young Cho, Peter Afflerbach und Hyeju Han (Cho et al., 2018) aufgestellt. Sie unterteilen die Strategien in drei Kategorien, wobei ich Ihnen die dritte Kategorie erst unter der nächsten Überschrift „Metakognition" vorstelle, da sie dort thematisch besser passt.

Die erste Kategorie ist die **konstruktiv-integrative Verarbeitung.** Das bedeutet, dass Sie Wissen aufbauen und miteinander verbinden. Dazu gehört, dass Sie...

- **Informationen suchen und finden:** Sie haben ein Ziel vor Augen und versuchen, relevante Informationen dazu zu finden. Dafür nutzen Sie Suchbegriffe und überprüfen, welche Informationen überhaupt verfügbar sind. Außerdem arbeiten Sie mit Hyperlinks und springen zwischen verschiedenen Internetseiten hin und her. Sie wählen aus, auf welche Links Sie klicken möchten und ob die dahinterliegenden Informationen für Sie hilfreich sind.
- **wichtige Themen (Modelle, Fachbegriffe, Vorgehensweisen) und Ideen zu einem Thema in verschiedenen Texten (wieder-)finden und kennenlernen:** Sie versuchen, einen Überblick über ein Thema zu bekommen und nutzen dazu Informationen aus verschiedenen Texten. Dabei entwickeln Sie ein tieferes Verständnis für das Thema.
- **neues Wissen aufbauen und verschiedene Perspektiven auf das Wissen kennenlernen:** Sie vergleichen und hinterfragen das Wissen aus verschiedenen Texten. Somit bauen Sie sich ein mentales Bild zum Thema auf.

> **Beispiel**
>
> Gehen wir nochmal zum Beispiel der Trinkflasche aus dem ersten Kapitel zurück, um die eben beschriebenen Schritte anzuwenden. Was hätte ich also im ersten Schritt tun können? Mein Ziel war eine Trinkflasche für den Wanderurlaub zu finden. Somit ergibt sich der Suchbegriff „Trinkflasche". Ich suche bei verschiedenen Anbietern Flaschen aus, die mir optisch gefallen und meinen Preisvorstellungen entsprechen. Zusätzlich suche ich nach Tests oder Produktvergleichen. Anschließend beginne ich, die Tests und Produktbeschreibungen genauer zu lesen. Dabei stoße ich auf Begriffe und Kriterien, die für das Thema von Bedeutung sind, wie das Material der Flasche. Hinzu kommen ein paar Kriterien, die mir selbst noch wichtig waren. Die Flasche sollte unter anderem leicht sein und sich gut reinigen lassen. Beim Lesen der Produkttests stelle ich fest, dass unterschiedliche Kriterien für die Gesamtbewertung einbezogen wurden. Während manche Tests den Aspekt Umweltfreundlichkeit priorisierten, war bei anderen der Preis oder die Verarbeitung des Produkts entscheidender. So können sehr verschiedene Bewertungen zum gleichen Produkt entstehen. Das gleiche trifft auf Produktbewertungen von Käufer*innen zu. Auch diese legen verschiedene Kriterien für ihre Bewertungen zugrunde.

Die zweite Strategien-Kategorie ist die **kritisch-analytische** Verarbeitung. Dazu gehört, dass Sie…

- **mit Quellen arbeiten:** Hierbei schätzen Sie die Glaubwürdigkeit und Zuverlässigkeit von gefundenen Texten ein. Die Bewertung kann sich sowohl auf die Autor*innen als auch auf Quellenmerkmale wie Veröffentlichungsdatum oder -ort beziehen. Diese Quelleninformationen nutzen Sie dann, um eine Vermutung aufzustellen, wie vertrauenswürdig der Text (auch im Vergleich zu anderen Texten) ist.

- **den Text analysieren:** Hierbei analysieren Sie die Textinhalte. Sie beachten beispielsweise die darin enthaltenen Argumente oder wie die Autor*innen Ideen entwickeln. Somit überprüfen Sie, ob ein Textinhalt für Sie stichhaltig ist. Doch auch der Ton und Schreibstil der Autor*innen sowie die gewählte Darstellungsform sollten Sie in Ihre Analyse einbeziehen.
- **Quellen bewerten:** Nach Ihrer Analyse bewerten Sie, ob Sie den Text verwenden möchten oder er Ihnen unglaubwürdig erscheint (z. B. eine versteckte Werbebotschaft enthält). Je nachdem für wie gut Sie verschiedene Texte halten, ordnen Sie diesen auch eine Wichtigkeit zu. Danach bestimmen Sie, welche Textinhalte und Argumente für Ihr Ziel am relevantesten sind.

> **Beispiel**
>
> Wenn wir beim Beispiel Trinkflasche bleiben, sollte ich beim kritisch-analytischen Vorgehen jetzt darauf achten, woher meine Informationen stammen. So wäre es beispielsweise weniger vertrauenswürdig, wenn ein Produkttest von einem Anbieter für Trinkflaschen erstellt wurde oder sehr viele Kundenbewertungen sehr überschwänglich klingen. Möglicherweise beziehen sich manche Bewertungen auch auf ein älteres oder anderes Modell der Flasche und sind somit gar nicht relevant für mich. Auch die Inhalte der Produkttests und Bewertungen sehe ich mir genauer an. Welche Gründe führen die Kunden für eine gute Bewertung an? Vergeben manche Käufer*innen eine gute Bewertung, weil das Produkt schnell geliefert wurde oder der Umtausch problemlos war? Das wäre für die eigentliche Qualität der Flasche jedoch weniger entscheidend.

Alle genannten Schritte der Informationssuche sind in dieser Beschreibung sehr fein aufgeschlüsselt und Sie können vielleicht nicht direkt sagen, welche Schritte Sie selbst anwenden und welche nicht. Es ist, als würde man sich die Informationssuche unter einer Lupe ansehen. Doch dieses Vorgehen ist es, welches Expert*innen (und auch Forscher*innen) häufig anwenden, um ein komplexes Problem zu zerlegen. (Während Außenstehende das Gefühl haben, sie stehen im Dschungel, sehen die Expert*innen eine große Anzahl von verschiedenen Tier- und Pflanzenarten und bestaunen die Details.) Doch wenn Sie die einzelnen Schritte besser kennen, können Sie genauer auf diese achten und Ihr Vorgehen bei der Informationssuche verbessern.

Alle Strategien, die Sie bisher in diesem Buch kennengelernt haben, lassen sich relativ gut auf verschiedene Wissensgebiete anwenden. Das ist natürlich sinnvoll, da Sie vermutlich zu verschiedenen Themen Informationen suchen. Dennoch ist es wichtig zu wissen, dass es neben diesen fächerübergreifenden Strategien auch spezielle, fachspezifische Strategien in jeder Disziplin oder jeder Wissensdomäne gibt. Das verändert auch das Vorgehen von Expert*innen, wenn diese Fachtexte lesen (List, 2020). Ein Historiker liest seine Fachtexte anders als eine Mathematikerin ihren wissenschaftlichen Artikel. Der Grund dafür sind unterschiedliche Vorgehensweisen und Methoden in verschiedenen Disziplinen, um zu neuem Wissen zu gelangen. Während Historiker*innen unter anderem mit Original-Dokumenten und historischen Quellen arbeiten, ist für Mathematiker*innen der mathematische Beweis wichtig, um Probleme zu lösen. Das sind zwei sehr unterschiedliche Herangehensweisen, die wiederum verschiedene Strategien erfordern. Das Wissen in einer Disziplin besteht somit nicht nur aus Faktenwissen, sondern auch aus Wissen über Methoden und Bewertungsstandards. Genau diese Merkmale kennzeichnen das Arbeiten und Vorgehen von Expert*innen.

Wie Student*innen mit verschiedenen Texten und darin enthaltenen unterschiedlichen Perspektiven umgehen, untersuchte die amerikanische Forscherin Alexandra List (List, 2022 in einer Online-Studie. Dazu lasen 137 Student*innen fünf fachliche Texte zum Thema Einwanderung in den USA. Jeder der Texte war von einem promovierten Wissenschaftler aus einem speziellen Fachbereich (Wirtschaftswissenschaften, Kriminologie, Politikwissenschaft, Jura und Anthropologie) verfasst. Während eine Gruppe („mit Fachbereich") unterhalb des Texttitels informationen fand, in welchem Fachbereich der Autor tätig war, wurde der zweiten Gruppe („ohne Fachbereich") diese Information vorenthalten. Diese zweite Gruppe sollte den Fachbereich aus dem Text herauslesen und wurde anschließend danach befragt. Nachdem beide Gruppen alle Texte gelesen hatten, sollten sie eine Zusammenfassung der Textinhalte schreiben. Anschließend bearbeiteten die Student*innen eine weitere Aufgabe. Sie sollten angeben und begründen, welche weiteren Fachbereiche hilfreiche Informationen zum Thema Einwanderung hätten bieten können. Hierzu wurden die Student*innen in zwei neue Gruppen eingeteilt. Ein Teil der Student*innen (Gruppe „mit Auswahl") erhielt dazu eine Auswahl an möglichen Fachbereichen, während die Anderen (Gruppe „ohne Auswahl") diese Unterstützung nicht erhielt. Überraschenderweise zeigten die Ergebnisse, dass sich die beiden Gruppenleistungen in den schriftlichen Zusammenfassungen der Texte nicht unterschieden. Die Forscherin hatte zuvor vermutet, dass die Gruppe „ohne Fachbereich" mehr Perspektiven in die Zusammenfassung einbeziehen würde als die Gruppe „mit Fachbereich". Unterschiede zeigten sich jedoch in den Ergebnissen der nachfolgenden Aufgabe, bei der die Student*innen weitere Fachbereiche für das Thema vorschlagen sollten. Dabei erzielten die Student*innen der Gruppe „mit Auswahl" bessere Ergebnisse als die Gruppe „ohne Auswahl". Doch auch Student*innen der vorherigen Gruppe „ohne Fachbereich" zeigten bessere Leistungen als die Gruppe „mit Fachbereich". Somit konnten die Student*innen durch zwei kleine Maßnahmen gefördert werden, weitere Fachbereiche vorzuschlagen und die Auswahl zu begründen.

Sie können aus dieser Studie mitnehmen, dass es nicht nur wichtig ist zu wissen, wer die Autor*innen von Texten sind, sondern auch zu überlegen, welche Perspektive diese einnehmen. Die Perspektive kann dabei durch verschiedene Aspekte geprägt sein, beispielsweise durch ein wissenschaftliches Fachgebiet oder durch eine politische Orientierung. Es ist außerdem für das tiefere Verständnis eines Themas hilfreich, darüber nachzudenken, welche weiteren Perspektiven es geben könnte.

Für Sie als Leser*innen ist das Wissen über verschiedene fachliche Perspektiven auch dann besonders wichtig, wenn sich die Meinungen von Expert*innen widersprechen. Grund dafür können verschiedene Blickwinkel auf ein Thema oder eine Vorgehensweisen sein, abhängig von der Disziplin in der die Expert*innen tätig sind. Daher gewichten die Expert*innen bestimmte Fakten vielleicht unterschiedlich und kommen so zu verschiedenen Einschätzungen. Auch bei interdisziplinären Fragestellungen kann es wichtig sein, die einzelnen Disziplinen und Fachrichtungen, die daran arbeiten, im Hinterkopf zu behalten. Jeder sieht das Problem aus seiner professionellen Perspektive. Dabei sollte man diese professionelle Perspektive auch nicht mit einer einfachen Meinung verwechseln. Es geht häufiger um die Arbeitsweisen und Denkstrukturen, die zu einer Disziplin gehören. Beispiele gibt es dazu immer wieder in Talkshows mit gesellschaftlich relevanten Themen, aber möglicherweise auch in Ihrem privaten Umfeld, wenn Menschen mit verschiedenen Berufen (und dazugehörigen Blickwinkeln) zusammenkommen und diskutieren.

Für Außenstehende sind die Positionen verschiedener Disziplinen nicht immer leicht zu beurteilen und einzuordnen. Sie können sich unmöglich mit allen Fachrichtungen und Methoden auskennen. Dennoch müssen Sie immer wieder Entscheidungen für Ihr Leben treffen. Wenn also von einem (wissenschaftlichen) Ergebnis berichtet wird, sollten Sie auch darauf achten, wie dieses zustande kam, wie die Expert*innen dabei vorgegangen sind und welche Kriterien sie einbezogen haben.

> **Was können Sie tun, um Ihren Wissensaufbau zu unterstützen?**
>
> Nutzen Sie Strategien, um Ihr Arbeitsgedächtnis und somit Ihren Wissensaufbau zu unterstützen. Wenden Sie verschiedene Strategien für Ihre Themensuche im Internet an, zum Beispiel:
>
> - Notieren und merken Sie sich wichtige Begriffe,
> - beachten Sie verschiedene Positionen und stellen Sie diese gegenüber,
> - vergleichen Sie verschiedene Quellen und Argumente,
> - achten Sie auf verschiedene Fachbereiche oder Disziplinen und damit zusammenhängende Perspektiven, Ziele und Methoden, welche zu gegensätzlichen Positionen und Sichtweisen führen können und
> - fügen Sie letztendlich alle Informationen zu einem schlüssigen Bild zusammen.

4.5 Metakognition

Vielleicht haben Sie das Wort „Metakognition" schon einmal gehört. Wie die griechische Vorsilbe „meta-" verrät, geht es dabei um eine „darüber liegende Ebene". Es handelt sich um Kognitionen über Kognitionen, also um das Denken über das Denken. Das klingt vielleicht erst einmal etwas seltsam – was soll das genau bedeuten? Gehen wir nochmal kurz zu den Strategien zurück, die ich Ihnen in diesem Kapitel bereits vorgestellt habe. Sie nutzen eine Strategie, um ein konkretes Problem zu lösen. Doch woher wissen Sie, welche Strategie die richtige ist oder wann Sie diese wie einsetzen können? Sie kennen vermutlich Strategien aus der Mathematik, wie den Dreisatz. Sie wissen aber vermutlich auch, dass dieser nicht hilfreich sein wird, wenn Sie die Inhalte verschiedener Texte zusammenfassen möchten. Das bedeutet Sie kennen die Strategie Dreisatz nicht nur, Sie wissen außerdem, wann Sie diese gewinnbringend einsetzen können. Zusätzlich müssen Sie sich regulieren, wenn Sie die Strategie anwenden wollen. Sie müssen Ihr Vorgehen planen, dürfen sich nicht ablenken lassen und sollten überprüfen, ob Sie Ihrem Ziel oder der Problemlösung näher kommen. Dabei nutzen Sie Metakognition.

Dieses Vorgehen können wir auch auf das Lesen von Texten übertragen. Sie überlegen sich, dass Sie zuerst den Text zu Ende lesen wollen, bevor Sie bestimmte Textstellen markieren oder sich Inhalte herausschreiben. Sie überwachen, ob Sie mit Ihren gewählten Strategien Ihrem eigentlichen Ziel, den Text zu verstehen, näher kommen. Ist das nicht der Fall, müssen Sie die Strategien möglicherweise verändern oder wechseln. Wie gut einem der Einsatz von Metakognition jedoch gelingt hängt von weiteren individuellen Faktoren wie beispielsweise dem Alter, der Tagesform oder auch der Expertise ab.

Anhand dieser Beispiele haben Sie schon zwei wichtige Komponenten der Metakognition kennengelernt: Das metakognitive Wissen und die metakognitiven Fähigkeiten (Bannert, 2007). Sehen wir uns diese Bestandteile etwas genauer an.

Beginnen wir mit dem **metakognitiven Wissen**. Dieses beinhaltet…

- das Wissen über einen **selbst** und das eigene kognitive Leistungsvermögen (z. B. Fachtexte zu diesem Thema lese ich öfter, darin bin ich ganz gut.)
- das Wissen über **Aufgabenmerkmale,** wie beispielsweise deren Schwierigkeit (z. B. Das ist ein ziemlich schwieriger Fachtext mit komplizierten Fallanalysen.)
- das Wissen über **Strategien** (Ich kenne verschiedene Strategien, um diese Fachtexte zu strukturieren und zu bearbeiten.)

Doch metakognitives Wissen allein ist noch nicht ausreichend, um ein Problem oder eine Aufgabe erfolgreich zu lösen. Dazu müssen Sie Ihre gewählten Strategien auch erfolgreich umsetzen. Dabei kommen die **metakognitiven Fähigkeiten** ins Spiel.

Die metakognitiven Fähigkeiten beinhalten…

- **die Planung:** Dabei schätzen Sie ein, welche Anforderungen die Aufgabe oder das Problem an Sie stellt. Sie formulieren Ihr Ziel, aktivieren Ihr Vorwissen, wählen geeignete Strategien aus und überprüfen Ihre Ressourcen (z. B. benötigtes Material oder Zeitbudget).
- **die Überwachung:** Während Sie die Aufgabe ausführen, überwachen Sie selbstständig, ob Sie Ihrem Ziel näher kommen. Sie lassen sich nicht ablenken und überprüfen, ob Sie den Text, den Sie lesen, auch verstehen.
- **die Regulation:** Sollten Probleme bei der Bearbeitung des Textes auftreten oder Sie beim Lesen gestört werden, müssen Sie sich regulieren. Das bedeutet, dass Sie beispielsweise Ihr Handy oder Messengerdienste ausschalten, um nicht abgelenkt zu werden.

4 Was bringen Sie mit? – Einflussfaktoren beim …

- **die Evaluation:** Sie bewerten, ob und wann Sie Ihr Leseziel erreicht haben und ob Sie damit zufrieden sind. Sollte das nicht der Fall sein, müssen Sie eventuell eine andere Strategie einsetzen oder aber einen neuen Text suchen.

Ich möchte Ihnen neben den zwei genannten Komponenten der Metakognition nun auch noch die dritte Strategien-Kategorie der amerikanischen Forscher Byeong-Young Cho, Peter Afflerbach und Hyeju Han (Cho et al., 2018) präsentieren, die ich Ihnen schon im Abschnitt zu den Wissens- und Lesestrategien versprochen habe. Diese beziehen sich direkt auf das Lesen verschiedener Texte zu einem Thema.

Die dritte Strategien-Kategorie ist die **metakognitiv-reflektierte Verarbeitung.** Dazu gehört, dass Sie…

- **kontrollieren, wie Sie Ihren Leseweg gestalten:** Sie entscheiden, welche Internetseiten Sie aufrufen, welchen Links Sie folgen und welche Texte Sie auswählen. Während Sie einen Text lesen, bestimmen Sie auch darüber, ob Sie kurz anhalten, weil Ihnen etwas unklar. Dann gehen Sie möglichweise noch einmal im Text zurück, beseitigen die Unklarheit und lesen den Text anschließend weiter.
- **kontrollieren, wie Sie Ihr neues Wissen konstruieren:** Sie überprüfen Ihren aktuellen Wissensstand und ob Sie alle neuen Inhalte, die Sie gelesen haben, soweit verstanden haben. Anschließend überlegen Sie, ob Sie noch weitere Informationen benötigen.
- **sich selbst überwachen:** Sie überprüfen und reflektieren, welche Strategien Sie beim Lesen einsetzen und wie nah Sie Ihrem Leseziel kommen. Dabei beziehen Sie folgende Aspekte ein: Ihr Vorwissen, Ihre kognitiven Kapazitäten, Ihre Leseerfahrungen, Ihre

Einstellung zum Wissen und Ihre Rolle als Person, die sinnhaft verschiedene Textinhalte zu einem mentalen Bild zusammenfügt.

Alle Strategien, die Sie in diesem und im letzten Kapitel kennengelernt haben, wirken nicht getrennt voneinander, auch wenn ich sie Ihnen hier im Text getrennt präsentiert habe. Sie benötigen ein Zusammenspiel aus **konstruktiv-integrativen, kritisch-analytischen und metakognitiv-reflektierten Verarbeitungsprozessen,** um Inhalte aus verschiedenen Texten erfolgreich zu integrieren.

> **Beispiel**
>
> Was bedeutet das für mein Beispiel mit der Trinkflasche? Vielleicht hätte ich meinen Leseweg etwas strategischer planen sollen, anstatt Bewertungen, Tests und Werbeseiten durcheinander anzusehen. Ich habe mich bei meiner Suche sehr treiben lassen und bin von einem Thema ins nächste gestolpert. Stattdessen hätte ich mir wichtige Kriterien zur Trinkflasche notieren sollen, um den Überblick zu behalten. Hätte ich mehr Zeit zur Verfügung gehabt, hätte ich auch verschiedene Abkürzungen und Begriffe zum Material verschiedener Flaschen nachsehen und notieren können. Doch stattdessen habe ich diese einfach überflogen, ohne deren Bedeutung wirklich zu kennen. Ich hätte konkrete Strategien einsetzen sollen, um die Informationen auszuwählen, zu ordnen und anschließend zusammenzubringen. Vermutlich habe ich die Menge an Informationen, die mir bei der Suche entgegenschlagen würde, einfach unterschätzt. Hinzu kommt, dass ich auch gar keine Lust hatte, mich stundenlang mit dem Thema zu beschäftigen. Daher habe ich mich auf oberflächliche Merkmale wie Sonderangebote oder das Design der Flasche konzentriert und ließ mich davon schnell ablenken.

Was können Sie tun, um Ihre metakognitiven Strategien einzusetzen?

Planen Sie Ihre Informationssuche, bevor Sie damit beginnen

- Setzen Sie sich ein Ziel und überlegen Sie, was Sie bereits zum Thema wissen.
- Wo können Sie nach Informationen suchen (Internet, Zeitschriften, Bücher, Expert*innen)?
- Wie viel Zeit haben Sie zur Verfügung?
- Wie wollen Sie vorgehen und wie fassen Sie wichtige Inhalte zusammen?

Überwachen Sie sich, während Sie nach Informationen suchen oder diese bearbeiten

- Kommen Sie mit Ihrer Suche Ihrem selbstgesetzten Ziel näher?
- Funktionieren Ihr Vorgehen und die eingesetzten Strategien?
- Sind Sie bei der Sache oder lassen Sie sich ablenken?
- Verstehen Sie die neuen Informationen?

Regulieren Sie sich, falls Probleme auftreten

- Schalten Sie Störungen ab.
- Lesen Sie Textstellen erneut, wenn diese unklar sind und schlagen Sie unbekannte Begriffe nach.
- Ändern Sie Ihre Strategien, wenn die zuvor verwendeten keinen Erfolg zeigen.

Evaluieren Sie Ihr Ergebnis

- Sind Sie mit der Informationssuche und -zusammenführung zufrieden?
- Haben Sie Ihr Ziel erreicht?
- Was ist gut gelaufen?
- Was würden Sie beim nächsten Mal anders machen?

4.6 Exekutive Funktionen

Eng mit den Themen Arbeitsgedächtnis und Selbstregulation sind auch verschiedene überwachende Kontrollfunktionen verbunden, die als exekutive Funktionen bezeichnet werden. Zu den exekutiven Funktionen gehören drei Prozesse, die zwar verschiedene Funktionen erfüllen, aber dennoch im Zusammenhang stehen. Diese kommen vor allem bei komplexen oder neuen Aufgaben und Problemen zum Einsatz. Die Aufgabe dieser Funktionen besteht darin, unser Denken, unsere Emotionen und unser Verhalten zu kontrollieren, damit wir unsere Ziele erreichen können (Follmer & Sperling, 2020). Genau diese Funktionen benötigen Sie, wenn Sie eigenständig Inhalte aus verschiedenen Texten zusammenfassen möchten.

Die **drei exekutiven Funktionen,** die auch beim Lesen entscheidend sind, heißen:

- Inhibition (Hemmung; inhibitorische Kontrolle)
- Shifting (kognitive Flexibilität)
- Updating (Informationen im Gedächtnis aufrechterhalten und für Denkprozesse nutzen)

Diese drei Funktionen sind sowohl allgemein für Lern- und Denkprozesse relevant als auch für das Lesen und Verstehen verschiedener Texte und Darstellungen. Die exekutive Funktion **Inhibition** sorgt dafür, dass Sie irrelevante Informationen aus einem Text ignorieren können und stattdessen die Aspekte heraussuchen, die für Sie wichtig sind. Das Gleiche müssen Sie natürlich auch tun, wenn Sie mehrere Texte zu einem Thema lesen oder diese noch von anderen Darstellungen wie Diagrammen ergänzt werden. Dabei müssen Sie ebenfalls die wichtigen Informationen heraussuchen und die anderen beiseitelassen. Wenn Sie die wichtigen Aspekte dann herausgefiltert haben, müssen Sie diese auch noch inhaltlich aufeinander beziehen und integrieren. Darüber hinaus ist die Funktion dafür verantwortlich, dass Sie sich nicht ablenken lassen und Störungen ausblenden können.

Die Funktion **Shifting** ist auch als kognitive Flexibilität bekannt. Sie ist dafür zuständig, dass Sie nicht nur flexibel zwischen verschiedenen Aufgaben, Lesestrategien, Darstellungsformen (z. B. Abbildung und Text), Zielen oder Gedanken wechseln sondern diese auch miteinander verbinden können. Denn nur so können Sie feststellen, ob Inhalte sich widersprechen oder ergänzen, und diese entsprechend verarbeiten. Damit Ihnen das gelingt, müssen Sie verschiedene Strategien entwickeln, um die Inhalte zu integrieren und die dazugehörigen Quelleninformationen einzubeziehen. Die Funktion ist ebenfalls dafür zuständig, dass Sie globale Schlussfolgerungen aus den Texten oder Darstellungen ziehen und dazu verschiedene Sichtweisen auf das Thema zusammenführen können.

Die dritte Funktion, das **Updating,** hält neues Wissen in Ihrem Arbeitsgedächtnis präsent und verknüpft es mit Ihrem Vorwissen. Dabei überwachen Sie, ob Sie die neuen Inhalte überhaupt verstehen und ob diese ein sinnvolles, kohärentes mentales Modell bzw. Bild ergeben, wie Sie es im dritten Kapitel kennengelernt haben. Dieses Modell sollte dann die Inhalte aller Texte, Darstellungen und auch Quelleninformationen beinhalten, die Sie integrieren möchten. Zur Aufgabe dieser Funktion gehört dabei auch, Ihnen Aufmerksamkeit bereitzustellen, damit Sie die genannten Aufgaben durchführen können.

Die exekutiven Funktionen können außerdem von „heiß" zu „kalt" variieren (Kramer & Spangler, 2019). „Heiße" exekutive Funktionen regulieren unsere emotionalen und motivationalen Prozesse. Ein bekanntes Beispiel dazu ist das Marshmallow-Experiment von Walter Mischel, bei dem es um Belohnungsaufschub ging. Dabei sollten Kinder eine Zeit lang allein in einem Raum warten, während vor ihnen ein Marshmallo liegt. Zuvor wurde ihnen ein zweites Marshmallow versprochen, wenn sie das erste in der Wartezeit nicht aufaßen. „Kalte" exekutive Funktionen regulieren unsere rationalen Denkvorgänge. Ein klassisches Beispiel dazu ist der Stroop-Test. Dabei werden Ihnen verschiedene Farbworte in unterschiedlichen Farben präsentiert (z. B. das Wort Blau in der Farbe Gelb) und Sie müssen zuerst die Farbe der Wörter benennen (Gelb). Später werden Sie dann aufgefordert, die Wörter vorzulesen (Blau) und sich nicht von der Farbe des Wortes irritieren zu lassen.

Ein weiteres lustiges Beispiel für die exekutiven Funktion ist das Spiel „Alles falsch" eines Radiosenders. Den Kandidat*innen werden einfache Fragen gestellt, bei denen sie jedoch nicht die richtige Antwort nennen dürfen. Stattdessen müssen sie innerhalb von wenigen Sekunden eine falsche Antwort geben, die jedoch aus der gleichen Kategorie stammt. Dazu ein Beispiel: Wie heißt die Hauptstadt von Italien? Die Kandidat*innen wissen vermutlich, dass die richtige Antwort „Rom" lautet. Diese Antwort müssen sie jedoch unterdrücken. Stattdessen müssen sie eine andere Hauptstadt nennen, beispielsweise London. Unter Zeitdruck wird das natürlich noch schwieriger. Die Fragen sind dabei so einfach, dass man die Antwort nennen kann, ohne groß zu überlegen. Doch diesen ersten Antwortimpuls gilt es zu hemmen und schnell eine andere passende, aber falsche Antwort zu finden.

> **Was können Sie tun, um Ihre exekutiven Funktionen zu unterstützen?**
> Exekutive Funktionen sind sehr anspruchsvolle geistige Tätigkeiten. Daher sollten Sie möglichst fit sein, wenn Sie neue Informationen aufnehmen und verarbeiten möchten.

Dabei gilt (genauso wie beim Lernen): Achten Sie darauf, ausgeschlafen zu sein und legen Sie regelmäßig gute Pausen ein, um sich zu regenerieren (beispielsweise mit einem Spaziergang in der Natur). Ein gesunder Lebenswandel unterstützt Sie ebenfalls. Trinken Sie ausreichend, lüften Sie Ihren Arbeitsplatz und arbeiten Sie möglichst störungsfrei.

4.7 Epistemische Überzeugungen

Ich mute Ihnen nun noch ein weiteres griechisches Wort in diesem Kapitel zu: epistemisch. Es bedeutet so viel wie „wissens- oder erkenntnisbezogen". Epistemische Überzeugungen beinhalten, was Sie über die Natur des Wissens und den Wissenserwerb oder auch über Wissenschaft denken (Bromme & Kienhues, 2014). Möglicherweise ist Ihr erster Gedanke jetzt dazu: „So etwas habe ich nicht und darüber habe ich noch nie nachgedacht." Dann glaube ich Ihnen natürlich, dass Sie über das Thema noch nie nachgegrübelt haben, aber epistemische Überzeugungen besitzen Sie dennoch. Sie können sich diese auch als Lai*innen-Wissenschaftstheorien vorstellen. Wenn ich Sie frage, was Sie über Physik als Wissenschaft denken und was Sie glauben, woher das Wissen in diesem Fach kommt, können Sie mir vermutlich darauf antworten – egal ob Sie Physiker*in sind oder nicht. Erste Berührungspunkte mit dem Fach hatten Sie wahrscheinlich während Ihrer Schulzeit. Vielleich interessieren Sie sich auch privat für Themen der Physik, haben beruflich damit zu tun oder kennen Physiker*innen, die von ihrer Arbeit erzählen. Nicht zuletzt berichten auch Medien über physikalische Entdeckungen und Forschungsergebnisse. Aus all diesen Berührungspunkten haben Sie sich dann eine subjektive Auffassung zum Fach gebildet, die

Ihnen vielleicht gar nicht bewusst ist. Dennoch können epistemische Überzeugungen beeinflussen, welche neuen Informationen Sie aufnehmen und wie Sie diese verarbeiten.

Dazu gebe ich Ihnen ein kleines Beispiel: Nehmen wir an, ich denke, dass das Wissen in Physik ganz klar strukturiert und eindeutig ist. Denn so habe ich es in der Schule und in meinem Schulbuch kennengelernt. Es gibt Gesetzmäßigkeiten und Formeln, die ich lernen musste und die Ergebnisse in den Physikaufgaben konnten eindeutig als richtig oder falsch bewertet werden. Woher das Wissen aus dem Physikbuch stammte, wurde dabei nur wenig thematisiert. Wenn ich nun einen gut aufbereiteten Artikel über ein aktuelles physikalisches Forschungsthema lese, bei dem sich verschiedene Wissenschaftler*innen widersprechen oder Phänomene nicht eindeutig eingeordnet werden können, passt das nur wenig zu meinen epistemischen Überzeugungen, die ich über Physik entwickelt habe. Ganz anders würde ich den Artikel aufnehmen, wenn ich der Überzeugung wäre, dass physikalisches Wissen komplex ist und sich verändern und entwickeln kann. Beispielsweise hätte ich im Unterricht lernen können, dass das Wissen in meinem Buch durch jahrhundertelange Forschung zu einem sicheren Wissenskern der Physik geworden ist. Es gibt jedoch immer wieder Ränder der Wissenschaft, an denen neues Wissen geschaffen wird, welches noch unsicherer und vorläufiger ist.

Epistemische Überzeugungen bestehen aus **vier Dimensionen,** die Ihnen hoffentlich helfen, noch besser zu verstehen, was sich hinter dem Begriff verbirgt:

- **Sicherheit des Wissens:** Welche Wissensarten gibt es? Wie sicher kann ich mir bei diesem Wissen sein?

- **Struktur von Wissen:** Wie ist Wissen aufgebaut und vernetzt?
- **Rechtfertigung von Wissen:** Wie kann Wissen begründet oder widerlegt werden?
- **Quelle des Wissens:** Kann ich das Wissen selbst erschaffen oder muss ich mich auf Expert*innen verlassen?

Unsere epistemischen Überzeugungen fallen jedoch je nach Wissensgebiet unterschiedlich aus (Lombardi et al., 2020). Möglicherweise haben Sie andere Überzeugungen zur Literaturwissenschaft als zur Soziologie oder Chemie.

In psychologischen Studien hat sich gezeigt, dass es hilfreich ist, wenn Menschen Wissen als komplex, vorläufig und sich entwickelnd ansehen, vor allem wenn es sich um widersprüchliche Themen handelt (Barzilai & Strømsø, 2018). Auch die Überzeugung, dass es mehr als eine Lösung oder Sichtweise zu einem Problem geben kann, ist hilfreich, wenn Sie verschiedene Texte und Perspektiven auf ein Thema wahrnehmen und integrieren wollen. Das ist jedoch nur dann der Fall, wenn Sie daraus am Ende einen eigenen Standpunkt bilden können (Bromme & Kienhues, 2014). Problematisch ist es hingegen, wenn Sie glauben, dass es nur eine richtige wissenschaftliche Antwort gibt. Denn dann wird es Ihnen deutlich schwerer fallen, verschiedene (und konkurrierende) wissenschaftliche Behauptungen zu einem Standpunkt zusammenzubringen.

Bei der Rechtfertigung von Wissen wirkt es sich positiv aus, wenn Sie der Überzeugung sind, dass Wissen aus verschiedenen Quellen begründet, untermauert und durch Forschungsergebnisse abgesichert werden sollte. Dahingegen ist eine Rechtfertigung durch persönliche Sichtweisen problematischer, wenn Sie verschiedene Texte und Perspektiven auf ein Thema verstehen möchten. Wenn man sich in einem Fachbereich nur wenig oder gar nicht auskennt, ist es ratsamer, auf Expert*innen und deren Wissen zu vertrauen (Bromme & Kienhues, 2014). Aufgrund der kognitiven Arbeitsteilung können Sie gar nicht alle Behauptungen in jedem wissenschaftlichen Fach selbst kritisch prüfen. Sie können lediglich prüfen, ob bestimmte Expert*innen und deren Quellen für Ihre Situation am besten geeignet sind.

> **Was können Sie tun, um Ihre epistemischen Überzeugungen zu berücksichtigen?**
>
> Überlegen Sie, wie für Sie das Wissen in einem bestimmten Fachbereich zustande kommt. Woher stammt Ihre Annahme? Vor allem bei wissenschaftlichen Themen ist es vorteilhaft, Wissen als veränderbar und komplex zu betrachten. Achten Sie auf Quellen sowie Argumente und Methoden, mit denen neues Wissen gestützt wird. Überlegen Sie, ob Sie selbst genug Expertise mitbringen, um eine Aussagen zu analysieren oder ob Sie sich auf andere Expert*innen verlassen müssen.

4.8 Motivation

Wie Sie bereits aus dem dritten Kapitel wissen, bedeutet Motivation, dass Sie ein Ziel ansteuern. Damit das Ziel Sie überhaupt in Bewegung setzt, muss es jedoch ein paar Kriterien erfüllen. Dabei geht es um Erwartungen, Werte und Kosten (Miele et al., 2020).

Beginnen wir mit den **Erwartungen.** Wenn Sie ein Ziel verfolgen, haben Sie auch bestimmte Erwartungen, was passieren soll, wenn Sie das Ziel erreicht haben. Wenn Sie beispielsweise eine halbe Stunde nach Informationen zu einer neuen Waschmaschine suchen, erwarten Sie, dass Sie danach besser über aktuelle Modelle, Preise und Leistungen informiert sind. Vielleicht haben Sie sogar schon ein paar konkrete Waschmaschinenmodelle ins Auge gefasst. Zusätzlich müssen Sie sich selbst zutrauen, die Informationssuche vornehmen zu können. Wenn Sie nur selten im Internet nach Informationen suchen, könnten Sie Zweifel daran haben, dass Sie die Aufgabe in einer halben Stunde bewältigen können. Sie brauchen also eine Ergebniserwartung und die Erwartung, dass Sie die Aufgabe meistern können (Selbstwirksamkeitserwartung).

Als nächstes muss das Ziel auch Ihren persönlichen **Werten** entsprechen. Ich nehme jetzt mal nicht an, dass Sie sich in Ihrer Freizeit viel mit Waschmaschinen beschäftigen. Vielleicht ist die Suche nach einer neuen Waschmaschine aber aktuell für Sie wichtig, weil Ihre alte Waschmaschine kaputt ist. Das Ziel hat also eine alltägliche Bedeutung für Sie. Darüber hinaus kann sich das Ziel sogar noch höheren Zielen unterordnen. Möglicherweise legen Sie Wert auf ein sauberes Äußeres und möchten daher regelmäßig Ihre Kleidung waschen. Vielleicht suchen Sie aber auch nach einem neuen Gerät, weil Sie befürchten, dass Ihre alte bald kaputt gehen könnte oder weil Sie sich ein neues Modell mit anderen Funktionen wünschen. Auch das kann Sie motivieren, das Thema genauer zu recherchieren.

Der letzte Punkt sind die **Kosten.** Um Ihr Ziel zu erreichen, müssen Sie schließlich auch investieren. Sie müssen wertvolle Freizeit opfern, sich anstrengen, lesen und vergleichen. Damit beanspruchen Sie Ihre Energie und vielleicht auch Ihre Nerven. Hierbei können sich auch sehr unterschiedliche Emotionen zeigen, auf die wir später noch zurückkommen.

Darüber hinaus können verschiedene Kontextfaktoren unsere Motivation beeinflussen (Miele et al., 2020):

- **Konkurrierende Ziele:** Vielleicht würden Sie in der Zeit, in der Sie nach einer neuen Waschmaschine suchen, lieber in Ruhe ein Buch lesen. Beide Ziele stehen somit in Konkurrenz zueinander. Welchem Sie letztlich zuerst nachgehen, hängt unter anderem von Ihren Werten, der Dringlichkeit und Ihrer Zeitplanung ab.
- **Aufgabenschwierigkeit:** Wie schätzen Sie die Aufgabe ein? Wird es für Sie leicht sein, die Informationen zu finden, weil Sie schon eine Idee haben, wo Sie suchen müssen? Oder wird die Aufgabe richtig kniffelig, weil Sie sich ganz neu in das Thema einarbeiten müssen? Je nachdem für wie schwer Sie die Aufgabe halten, werden Sie entsprechend motiviert sein und auch passende Strategien einsetzen.
- **Zeitliche Begrenzungen:** Dreißig Minuten beispielsweise sind nicht viel Zeit und vielleicht haben Sie schon jetzt Zweifel, ob Sie in dieser Zeit zu einem zufriedenstellenden Ergebnis bei Ihrer Informationssuche kommen. Auch Termindruck und zeitliche Begrenzungen können beeinflussen, wie Sie nach Informationen suchen – gehetzt oder entspannt – und das wiederum wirkt sich auf Ihr Vorgehen und die Informationsverarbeitung aus.
- **Belohnungen:** Vielleicht haben Sie mit Ihrem/r Partner*in vereinbart, dass er/sie eine andere unliebsame Aufgabe für Sie übernimmt, wenn Sie nach Informationen über eine neue Waschmaschine suchen. Somit sind Sie vielleicht froh, dass Sie nur im Internet recherchieren müssen, und Ihre Motivation verbessern sich.
- **Anregende Aufgaben:** Das sind sozusagen Lieblingsaufgaben, die zu Ihren Interessen passen oder Ihre Neugier wecken. Sie gehen Ihnen meist leicht von der Hand

und Sie beschäftigen sich motiviert und interessiert mit dem Thema. Das können beispielsweise Aufgaben sein, die mit Ihren Hobbies verbunden sind.

Was können Sie tun, um sich zu motivieren?
Setzen Sie sich Ziele und nutzen Sie dazu beispielsweise die SMART-Formel aus dem dritten Kapitel. Überlegen Sie, welche Erwartungen, Werte und Kosten für Sie mit diesem Ziel verbunden sind. (Eine anstrengende dreistündige Suche im Internet nach einem Angebot, bei dem Sie letztendlich 50 Cent sparen, liegt vermutlich unterhalb Ihrer Erwartungen und geht mit zu hohen Kosten einher.) Beachten Sie auch die Kontextfaktoren der Motivation und gönnen Sie sich nach einer unliebsamen Aufgabe beispielsweise eine Belohnung.

4.9 Persönlichkeitseigenschaften, Interessen und Überzeugungen

Unsere Informationsverarbeitung (und Motivation) hängt auch von weiteren Faktoren ab. Die epistemischen Überzeugungen als einen Faktor haben Sie eben schon kennengelernt. Auch Persönlichkeitseigenschaften und weitere psychologische Faktoren, in denen sich Menschen unterscheiden, können die Informationsverarbeitung beeinflussen (Barzilai & Strømsø, 2018):

- **Bedürfnis nach kognitiver Geschlossenheit:** Diese Eigenschaft beschreibt das Bedürfnis, klare und eindeutige Antworten auf Fragen zu erhalten und Mehrdeutigkeiten zu vermeiden. Wenn dieses Bedürfnis bei Ihnen stärker ausgeprägt ist, suchen und verarbeiten Sie weniger unterschiedliche Informationen. Sie ergreifen lieber die erstbeste Antwort und bleiben bei dieser, anstatt weitere Informationen hinzuzuziehen (Miele et al., 2020).

- **Bedürfnis nach kognitiver Beanspruchung:** Dahinter verbirgt sich die Frage, ob Sie gern denken, schlussfolgern, überlegen oder Probleme lösen. Wenn das der Fall ist, werden Sie auch die verschiedenen Positionen und Argumente aus unterschiedlichen Texten heranziehen und länger sowie tiefgründiger über diese nachdenken. Darüber hinaus nutzen Sie häufiger kognitive Strategien (Lesestrategien), mit denen Sie Textinhalte tiefer verarbeiten können. Menschen, die nicht so gern nachdenken oder sich kognitiv beanspruchen, verlassen sich hingegen lieber auf einfache Daumenregeln und Meinungen (Barzilai & Strømsø, 2018).
- **Gewissenhaftigkeit und Grit:** Vermutlich wissen Sie, was mit Gewissenhaftigkeit gemeint ist und was „gewissenhaft arbeiten" bedeutet. Gewissenhafte Menschen sind umsichtig, ordentlich, pflichtbewusst, ehrgeizig, diszipliniert und besonnen (Gewissenhaftigkeit, 2022). Eng damit in Verwandtschaft steht auch der etwas neuere Begriff „Grit" (dt. Beharrlichkeit). Menschen, die „Grit" besitzen, verfolgen ihre Ziele ausdauernd und leidenschaftlich, auch wenn es sich dabei um Langstreckenziele handelt. Wie Sie sich vielleicht schon denken können, wirken sich sowohl Gewissenhaftigkeit als auch Grit positiv auf den Umgang mit Texten aus – vor allem auf die Integration verschiedener Inhalte (Miele et al., 2020). Denn dabei kann ein langer Atem sehr nützlich sein, um Argumente gründlich zu sortieren und zu prüfen.
- **Mindset:** Ein Mindset im Sinne der Mindset-Theorie nach Carol Dweck beschreibt Ihre Überzeugungen über Intelligenz. Wenn Sie glauben, dass Sie Ihre Intelligenz positiv beeinflussen können, indem Sie beispielsweise etwas Neues lernen, verfügen Sie über ein „Growth

Mindset" (dt. ein wachsendes Mindset). Wenn Sie hingegen annehmen, dass Sie Ihre Intelligenz nicht beeinflussen können, weil diese angeboren ist, haben Sie ein „Fixed Mindset" (dt. ein festes Mindset). Diese Überzeugungen beeinflussen, wie Sie lernen, mit neuen Herausforderungen und Rückschlägen umgehen, welche Art von Zielen Sie sich setzen und wie Sie auf Feedback reagieren. Dabei beeinflusst ein „Growth Mindset" die genannten Aspekte positiv (Braasch et al., 2014).

- **Kompetenzüberzeugungen:** Dahinter steckt die Frage, ob Sie glauben, dass Sie die Aufgabe schaffen können. Trauen Sie sich beispielsweise die Aufgabe zu, verschiedene Fachtexte zu lesen und zu vergleichen? Sollte das nicht der Fall sein, werden Sie die Aufgabe vermutlich nicht motiviert angehen. Das wiederum beeinflusst die Strategien, die Sie einsetzen (oberflächlichere Strategien) und welche Ziele Sie sich stecken werden (Minimalziele). Das Gegenteil zeigt sich, wenn Sie von Ihren Fähigkeiten überzeugt sind (Barzilai & Strømsø, 2018).
- **Individuelle Interessen:** Es gibt zwei Formen von Interesse – das überdauernde Interesse (z. B. Hobbies, die man jahrelang betreibt) und das situative Interesse (z. B. wenn Sie sich einen Beitrag im Fernsehen ansehen und denken, dass das Thema eigentlich recht interessant ist). Vor allem das überdauernde Interesse kann sich positiv auf Ihre Motivation auswirken. Das ist wahrscheinlich auch der Grund, warum Sie freiwillig über Jahre hinweg einem Hobby nachgehen und sich dazu freiwillig informieren, Neues lernen und Expert*innenwissen aufbauen. Doch auch situatives Interesse kann nützlich sein. Vielleicht fangen Sie erst etwas weniger motiviert mit einer Informationssuche an und stellen dann fest, dass das Thema doch ganz

spannend ist. Das führt wiederum dazu, dass Sie mehr Einsatz zeigen (Miele et al., 2020).
- **Werte:** Auch persönliche, kulturelle und religiöse Wertvorstellungen können die Verarbeitung neuer Informationen beeinflussen (Barzilai & Strømsø, 2018).
- **Einstellungen:** Die Informationsverarbeitung kann durch positive oder negative Einstellungen zu einem Thema, Produkt oder Wissensbereich beeinflusst werden. Das trifft besonders auf kontroverse Themen zu. Dabei spielt es übrigens keine Rolle, wie viel Sie über ein Thema wissen (Lombardi et al., 2020).

> **Was können Sie tun?**
> Achten Sie auf Ihre persönlichen Eigenschaften, Vorlieben, Positionen, Interessen und Tendenzen. Niemand ist (glücklicherweise) vollständig frei davon. Sie sollten jedoch wissen, dass diese Faktoren Ihre Informationsverarbeitung beeinflussen können. Sich diese bewusst zu machen und sich um Objektivität zu bemühen, ist meist ein erster wichtiger Schritt.

4.10 Emotionen

Gehen wir nun weiter zu den Emotionen, den großen Gefühlen. In der Psychologie sind Emotionen eine Verbindung aus verschiedenen Komponenten. Sie beinhalten das subjektive Gefühl, die Kognitionen, die motivationalen Tendenzen, die physiologischen Prozesse und das Verhalten (Pekrun & Loderer, 2020). Nehmen wir dazu an, dass Sie Angst vor einer Maus im Raum haben, die Sie gerade entdeckt haben. Plötzlich fühlen Sie sich angespannt, Ihre Gedanken kreisen nur noch um die Maus, Sie möchten den Raum schnellstmöglich verlassen, bekommen schwitzige Hände und zeigen panisches Verhalten, indem Sie schreien und auf einen Stuhl springen. Die Maus löst bei Ihnen dann sozusagen das volle emotionale Programm aus.

Emotionen treten auch auf, wenn wir Neues lernen. Vielleicht erinnern Sie sich noch an ein paar Emotionen, die Sie während Ihrer Schulzeit erlebt haben. Typisch ist dabei neben Langeweile, Angst und Frustration auch ab und an Lernfreude. Darüber hinaus gibt es noch Emotionen, die sich mehr auf ein Lernergebnis, also eine Schulnote, beziehen: Stolz, Hoffnung, Hoffnungslosigkeit oder Scham. Auch wenn Sie nicht mehr die Schule besuchen, können diese Emotionen auftauchen, wenn Sie etwas Neues lernen oder versuchen verschiedene Informationen zu finden und zusammenzubringen. Diese auftretenden Emotionen können dann wiederum unser Arbeitsgedächtnis belasten, so dass weniger freie Kapazitäten für das eigentliche Arbeiten und Denken verfügbar sind.

Emotionen können sich darüber hinaus auch auf unsere Motivation und Lernstrategien auswirken. Dabei muss man jedoch die einfache Annahme über Bord werfen, dass positive Emotionen das Lernen unterstützen und negative das Lernen behindern. Der Zusammenhang ist eher komplex. Beispielsweise neigen Menschen mit guter Laune eher dazu, eine Behauptung einfach zu glauben und diese weniger kritisch zu hinterfragen.

Passend zu den epistemischen Überzeugungen, die Sie bereits kennengelernt haben, gibt es auch **epistemische Emotionen.** Dazu gehören Neugier, Verwirrung und Überraschung. Diese Emotionen treten vor allem dann auf, wenn sich Informationen widersprechen oder nicht zum eigenen Vorwissen oder den eigenen Ansichten passen (Pekrun & Loderer, 2020).

In einer Studie von Elisabeth Vogl und Kolleg*innen (Vogl et al., 2020) nahmen 102 Student*innen an einem kurzen Online-Fragebogen teil. Sie sollten entscheiden, ob die 20 aufgelisteten Aussagen zu gängigen Fehlvorstellungen richtig oder falsch sind. Zusätzlich sollten die Student*innen auf einer Skala angeben, wie sicher sie sich bei ihrer Antwort sind. Nach jeder Frage erhielten die Student*innen sofort ein automatisches Feedback, ob ihre Antwort korrekt war. Zusätzlich sollten sie auf einer Skala einschätzen, wie überrascht, verwirrt oder neugierig sie nach dem Feedback waren. (Dabei wurde genau nach den epistemischen Emotionen gefragt, die Sie gerade kennengelernt haben.) Zuletzt gaben die Student*innen noch an, wie motiviert sie sind, die richtigen Antworten zu den Fragen zu erfahren, bei denen sie falsch lagen.

> **Beispiel**
>
> Hier ein Beispiel aus der Studie:
>
> „Aussage: Chamäleons passen ihre Farbe der Umgebung an. Richtig oder falsch?
>
> Wie sicher sind Sie sich bei Ihrer Antwort auf einer Skala von 1 (= sehr unsicher) bis 6 (= sehr sicher)?
>
> Auflösung: Die Aussage ist falsch.
>
> Wie sehr fühlen Sie sich:
> - überrascht? Skala 1 (= überhaupt nicht) bis 5 (= sehr stark)
> - verwirrt? Skala 1 (= überhaupt nicht) bis 5 (= sehr stark)
> - neugierig? Skala 1 (= überhaupt nicht) bis 5 (= sehr stark)
>
> Sind Sie motiviert, mehr über die richtige Antwort zu erfahren? Skala 1 (= sehr schwach) bis 5 (= sehr stark).
>
> Weitere Informationen zur Aussage:
> - Chamäleons passen ihre Farbe normalerweise nicht der Umgebung an, sondern wechseln sie entsprechend ihrer Stimmung.

- Durch unterschiedliche Färbungen können sich Chamäleons ihren Artgenossen mitteilen, so signalisieren sie zum Beispiel Paarungsbereitschaft.
- Der Farbwechsel der Chamäleons kann auch der Tarnung dienen, ist aber nicht die eigentliche Funktion." (teilweise übersetzt, Vogl et al., 2020)

Die Ergebnisse der Studie zeigten, dass Überraschung als Auslöser für die beiden anderen epistemischen Emotionen (Neugier und Verwirrung) dienen kann. Je mehr Neugier und Verwirrung die Student*innen berichteten, desto motivierter waren sie, mehr über die richtige Aussage zu erfahren.

Allgemein kann man über diese drei epistemischen Emotionen sagen, dass Überraschung uns meist zuerst trifft und innerlich aufhorchen lässt. Vielleicht schließt sich danach die Neugier an. Sie wollen der Sache dann auf den Grund gehen und es ganz genau wissen. Es kann jedoch auch sein, dass Sie anschließend verwirrt sind. Das passiert vor allem bei komplexen, widersprüchlichen Informationen, die sich nicht gleich auflösen lassen. Das kann Sie natürlich wiederum anstacheln, sich mehr anzustrengen und den inneren Konflikt aufzulösen. Wenn das jedoch nicht funktioniert und Sie verwirrt zurückbleiben, schließt sich daran möglicherweise die Emotion Frustration an. Während sich somit Überraschung und Neugier eher positiv auf unsere weitere Informationsverarbeitung auswirken, kann sich Verwirrung auch einen negativen Effekt haben.

Was können Sie tun, um Ihre Emotionen bei der Informationsverarbeitung zu berücksichtigen?
Beachten Sie, dass unsere Informationsverarbeitung kein ausschließlich „kalter" und rationaler Prozess ist, sondern dass auch Emotionen dazu gehören. Daher sollten Sie Ihre

> Emotionen wahrnehmen, wenn Sie etwas lernen und neue Informationen aufnehmen. Fragen Sie sich beispielsweise, warum ein Thema bei Ihnen so starke Emotionen hervorruft und Sie sich gerade so aufregen oder so begeistert sind. Vor allem die epistemischen Emotionen spielen dabei eine wichtige Rolle. Seien Sie aufmerksam, wenn neue Informationen Sie überraschen, neugierig machen oder verwirren. Das kann ein Hinweis auf Widersprüche im Text oder auch auf Unklarheiten beim Lesen sein.

4.11 Das Ziel: Selbstreguliertes Lernen

Wenn Sie allein bzw. eigenständig nach Informationen im Internet suchen, dann arbeiten und lernen Sie selbstreguliert. Das bedeutet, dass Sie Ihre Ziele selbstständig setzen, Ihr Vorgehen planen und überlegen, welche Strategien Sie einsetzen möchten. Erst danach schreiten Sie zur Tat und beginnen mit der Suche. Dabei lassen Sie sich nicht ablenken, überprüfen, ob Sie Ihrem Ziel näher kommen oder ob Sie vielleicht doch andere Strategien wählen müssen. Am Ende müssen Sie entscheiden, ob Sie Ihr Ziel erreicht haben oder noch weitersuchen müssen. Sie denken eventuell darüber nach, ob Ihre Suche erfolgreich war oder nicht und was die Gründe dafür waren. Diese Einschätzung beeinflusst, wie Sie die Informationssuche beim nächsten Mal angehen. Sie nehmen sich beispielsweise vor, dann mehr Zeit dafür einzuplanen (Götz & Nett, 2017).

Dieser gesamte Prozess ist genau genommen ganz schön schwierig, da Sie auf sich allein gestellt sind. Alle Themen, die Sie in diesem Kapitel kennengelernt haben, sind auch mit dem selbstregulierten Lernen verbunden. Sie benötigen verschiedene Strategien und Vorwissen, müssen sich selbst regulieren, überwachen, kontrollieren und einschätzen. Um den ganzen Prozess überhaupt anzugehen, brauchen Sie Motivation, die Sie die ganze Zeit aufrechterhalten müssen. Bei jedem Lernprozess (und auch die Suche nach neuen Informationen ist ein Lernprozess) treten verschiedene Emotionen auf. Als wäre das alles noch nicht genug, bringen wir auch noch verschiedene Einstellungen, Überzeugungen und Persönlichkeitsmerkmale mit, die unsere Informationsverarbeitung beeinflussen.

Sie merken schon, beim selbstregulierten Lernen kommt alles zusammen. Doch Sie haben bisher nicht nur Wissen über die einzelnen Einflussfaktoren und unser Gedächtnis erhalten, sondern auch Tipps, wie Sie dabei vorgehen können. Diese kommen Ihnen auch beim selbstregulierten Lernen zugute. Das bedeutet, Sie können dieses Wissen nicht nur auf das Lesen und Verstehen verschiedener Texte zu einem Thema anwenden. Auch wenn Sie andere Lernziele selbstständig verfolgen, kann Ihnen dieses Wissen weiterhelfen.

Literatur

Abendroth, J., Feulner, L., & Richter, T. (2020). Wie Menschen mit konfligierenden Informationen umgehen. In M. Appel (Hrsg.), *Die Psychologie des Postfaktischen: Über Fake News, „Lügenpresse", Clickbait & Co.* (S. 141–155). Springer. https://doi.org/10.1007/978-3-662-58695-2_13.

Alexander, P. A., Peterson, E. G., Dumas, D., & Hattan, C. (2018). A retrospective and prospective examination of cognitive strategies and academic development: Where have we come in twenty-five years? In A. O'Donnell, N. C. Barnes, & J. Reeve (Hrsg.), *The Oxford Handbook of Educational Psychology* (1. Aufl.). Oxford University Press. https://doi.org/10.1093/oxfordhb/9780199841332.013.23

Bannert, M. (2007). *Metakognition beim Lernen mit Hypermedien: Erfassung, Beschreibung und Vermittlung wirk-*

samer metakognitiver Strategien und Regulationsaktivitäten. Waxmann.

Barzilai, S., & Strømsø, H. I. (2018). Individual differences in multiple document comprehension. In J. L. G. Braasch, I. Bråten, & M. T. McCrudden (Hrsg.), *Handbook of multiple source use* (S. 99–116). Routledge, Taylor & Francis Group.

Braasch, J. L. G., Bråten, I., Strømsø, H. I., & Anmarkrud, Ø. (2014). Incremental theories of intelligence predict multiple document comprehension. *Learning and Individual Differences, 31,* 11–20. https://doi.org/10.1016/j.lindif.2013.12.012.

Bråten, I., Anmarkrud, Ø., Brandmo, C., & Strømsø, H. I. (2014). Developing and testing a model of direct and indirect relationships between individual differences, processing, and multiple-text comprehension. *Learning and Instruction, 30,* 9–24. https://doi.org/10.1016/j.learninstruc.2013.11.002.

Bråten, I., & Strømsø, H. I. (2011). Measuring strategic processing when students read multiple texts. *Metacognition and Learning, 6*(2), 111–130. https://doi.org/10.1007/s11409-011-9075-7.

Bromme, R., & Kienhues, D. (2014). Wissenschaftsverständnis und Wissenschaftskommunikation. In T. Seidel & A. Krapp (Hrsg.), *Pädagogische Psychologie: Mit Online-Materialien* (6., vollständig überarbeitete Aufl., S. 55–81). Beltz.

Cho, B.-Y., Afflerbach, P., & Han, H. (2018). Strategic processing in accessing, comprehending, and using multiple sources online. In J. L. G. Braasch, I. Bråten, & M. T. McCrudden (Hrsg.), *Handbook of Multiple Source Use* (1. Aufl., S. 133–150). Routledge. https://doi.org/10.4324/9781315627496.

Delgado, P., & Salmerón, L. (2022). Cognitive effort in text processing and reading comprehension in print and on tablet: An eye-tracking study. *Discourse Processes, 59*(4), 237–274. https://doi.org/10.1080/0163853X.2022.2030157.

Follmer, D. J., & Sperling, R. A. (2020). The roles of executive functions in learning from multiple representations and perspectives. In P. Van Meter, A. List, D. Lombardi, & P. Kendeou (Hrsg.), *Handbook of learning from multiple representations and perspectives* (S. 297–313). Routledge/Taylor & Francis Group.

Fromme, B. (2018). *Fehlvorstellungen bei Studienanfängern: Was bleibt vom Unterricht der Sekundarstufe I?* PhyDid B – Didaktik Der Physik – Beiträge Zur DPG-Frühjahrstagung, 1, Würzburg. https://ojs.dpg-physik.de/index.php/phydid-b/article/view/835.

Götz, T., & Nett, U. E. (2017). Selbstreguliertes Lernen. In T. Götz (Hrsg.), *Emotion, Motivation und selbstreguliertes Lernen* (2., aktualisierte Aufl.). Ferdinand Schöningh.

Gewissenhaftigkeit. (2022). In M. A. Wirtz (Hrsg.), *Dorsch Lexikon der Psychologie.* https://dorsch.hogrefe.com/stichwort/gewissenhaftigkeit.

Gruber, H., Scheumann, M., & Krauss, S. (2019). Problemlösen und Expertiseerwerb. In D. Urhahne, M. Dresel, & F. Fischer (Hrsg.), *Psychologie für den Lehrberuf* (S. 53–65). Springer. https://doi.org/10.1007/978-3-662-55754-93.

Kozma, R. B. (2020). Use of multiple representations by experts and novices. In P. Van Meter, A. List, D. Lombardi, & P. Kendeou (Hrsg.), *Handbook of Learning from Multiple Representations and Perspectives* (1. Aufl., S. 33–47). Routledge. https://doi.org/10.4324/9780429443961-4.

Kramer, K., & Spangler, G. (2019). Motivationale und emotionale Entwicklung. In D. Urhahne, M. Dresel, & F. Fischer (Hrsg.), *Psychologie für den Lehrberuf* (S. 295–313). Springer. https://doi.org/10.1007/978-3-662-55754-915.

Krause, U.-M., & Stark, R. (2006). Vorwissen aktivieren. In H. Mandl & H. F. Friedrich (Hrsg.), *Handbuch Lernstrategien.* Hogrefe.

List, A. (2020). Knowledge as perspective. In P. Van Meter, A. List, D. Lombardi, & P. Kendeou (Hrsg.), *Handbook of Learning from Multiple Representations and Perspectives* (1. Aufl., S. 164–190). Routledge. https://doi.org/10.4324/9780429443961-13.

List, A. (2022). Demonstrating the effectiveness of two scaffolds for fostering students' domain perspective reasoning. *European Journal of Psychology of Education*. https://doi.org/10.1007/s10212-022-00643-8.

Lombardi, D., Heddy, B. C., & Matewos, A. M. (2020). Values, attitudes, and beliefs: Cognitive filters shaping integration of multiple representations and multiple perspectives. In P. Van Meter, A. List, D. Lombardi, & P. Kendeou (Hrsg.), *Handbook of Learning from Multiple Representations and Perspectives* (1. Aufl., S. 329–345). Routledge. https://doi.org/10.4324/9780429443961.

Miele, D. B., Nokes-Malach, T. J., & May, S. (2020). Motivation and the processing of multiple inputs. In P. Van Meter, A. List, D. Lombardi, & P. Kendeou (Hrsg.), *Handbook of learning from multiple representations and perspectives* (S. 346–372). Routledge/Taylor & Francis Group.

Pekrun, R., & Loderer, K. (2020). Emotions and learning from multiple representations and perspectives. In P. Van Meter, A. List, D. Lombardi, & P. Kendeou (Hrsg.), *Handbook of learning from multiple representations and perspectives* (S. 373–400). Routledge/Taylor & Francis Group.

Renkl, A. (2015). Wissenserwerb. In E. Wild & J. Möller (Hrsg.), *Pädagogische Psychologie* (S. 3–24). Springer. https://doi.org/10.1007/978-3-642-41291-21.

Vogl, E., Pekrun, R., Murayama, K., & Loderer, K. (2020). Surprised–curious–confused: Epistemic emotions and knowledge exploration. *Emotion, 20*(4), 625–641. https://doi.org/10.1037/emo0000578.

Zoelch, C., Berner, V.-D., & Thomas, J. (2019). Gedächtnis und Wissenserwerb. In D. Urhahne, M. Dresel, & F. Fischer (Hrsg.), *Psychologie für den Lehrberuf* (S. 23–52). Springer. https://doi.org/10.1007/978-3-662-55754-92.

5

Mehr als nur Text! – Umgang mit Multimedia

Zusammenfassung In diesem Kapitel gehen wir als erstes der Frage nach, ob es besser ist, auf Papier oder am Bildschirm zu lesen. Doch auch Audioformate, wie Audiobooks und Podcasts finden Beachtung. Im zweiten Teil des Kapitels dreht sich dann alles um das Thema Multimedia. Dazu lernen Sie eine Multimedia-Theorie kennen und wie Informationen aus Bildern und Texten in unserem Gehirn verarbeitet werden. Sie erfahren, welche Voraussetzungen Sie mitbringen müssen, um visuelle Darstellungsformen zu verstehen. Im Mittelpunkt stehen Hinweise, wie Sie kognitive Überlastung vermeiden können, wenn Sie mit verschiedenen Darstellungsformen arbeiten. Der letzte Abschnitt erläutert Ihnen dann, was Sie beim Umgang mit Videos beachten sollten.

Bevor wir uns dem Thema Multimedia zuwenden, gibt es noch eine Frage zum Umgang mit Texten zu klären, die ich bisher noch nicht erwähnt habe: Sollte man Texte besser am Bildschirm oder auf Papier lesen? Vermutlich haben Sie sofort eine persönliche Vorliebe für eine der beiden Alternativen. Während die einen lieber papierlos arbeiten, lesen andere ausschließlich auf Papier. Darüber hinaus gibt es auch die Optionen, Inhalte auf einem E-Book-Reader zu lesen oder Audiobooks zu hören.

5.1 Papier oder Bildschirm?

Das Lesen am Bildschirm hat in den letzten Jahrzehnten deutlich zugenommen, da mehr Texte online verfügbar sind und mehr Menschen elektronische Endgeräte besitzen. Auch in Bildungseinrichtungen lesen und arbeiten Lerner*innen immer häufiger an Bildschirmen. Da drängt sich die Frage auf, ob sich das Lesen auf Papier möglicherweise vom Lesen am Bildschirm unterscheidet.

Überlegen Sie mal kurz: Wie lesen Sie am liebsten – auf Papier oder am Bildschirm? Sind Ihnen Unterschiede aufgefallen, wenn Sie auf Papier oder am Bildschirm lesen?

Dieser Frage sind Lauren Singer Trakhman und Kolleginnen aus der Universität Maryland in einer Studie wissenschaftlich nachgegangen (Singer Trakhman et al., 2019). Sie untersuchten das Leseverhalten von 86 amerikanischen Student*innen, wenn diese am Bildschirm oder auf Papier lasen. Dazu erstellten die Forscherinnen zwei gleich lange und ähnlich schwierig zu lesende Texte zu den Themen ADHS oder Allergien im Kindesalter, die jeweils eine Seite umfassten. Die Student*innen lasen jeweils einen Text am Bildschirm im PDF-Format und einen Text im Papierformat aus einem Buch. Danach sollten sie den Hauptgedanken des Textes wiedergeben und die wichtigsten inhaltlichen Punkte und weitere Details aus dem Text auflisten, ohne diesen dabei einsehen zu können. Anschließend schätzten die Student*innen ein, wie gut sie bei den Leseverständnisaufgaben abgeschnitten hatten. Zusätzlich wurde die Lesezeit für jeden Text erfasst. Die Studie ergab, dass sich die Student*innen nicht im Gesamtverständnis zwischen den beiden Medien (Bildschirm vs. Papier) unterschieden. Doch bei weiteren Analysen offenbarten sich Unterschiede. Die Student*innen konnten zwar den Hauptgedanken mit jedem Medium genauso gut wiedergeben, jedoch schnitten sie bei der Auflistung der wichtigsten Punkte und weiterer Details aus dem Text besser ab, wenn sie diese Informationen auf Papier gelesen hatten. Am Bildschirm lasen die Student*innen hingegen schneller als auf Papier, was ebenfalls zu einem schlechteren Leseverständnis führen kann. Auch bei der Selbsteinschätzung gaben die Student*innen an, bessere Leistungen beim Lesen am Bildschirm zu zeigen und überschätzten so ihre Leseleistung bei diesem Medium. Genau diese Leistungsüberschätzung könnte laut der Forscherinnen dazu führen, dass die Student*innen auch weniger Lesestrategien einsetzten, um die Textinhalte tiefer und genauer zu erschließen oder das eigene Verhalten zu regulieren.

Zu dieser Studie möchte ich anmerken, dass die Teilnehmer*innen Student*innen waren, die bereits meist kompetente Leser*innen sind. Die Texte am Bildschirm präsentierten die Forscherinnen im PDF-Format. Das bedeutet, dass sich die Ergebnisse nicht eins-zu-eins auf das Lesen im Internet übertragen lassen. Zum einen muss man bei diesen Texten häufig scrollen zum anderen es gibt möglicherweise mehr Ablenkungen durch blinkende Werbung, Messengerdienste oder E-Mail-Programme. Auch diese Störungen tragen sicherlich nicht zu einer verbesserten Leseleistung bei.

Was passiert, wenn man das Ganze noch etwas schwieriger gestaltet und die Texte unter Zeitdruck am Bildschirm oder auf Papier liest, untersuchten die spanischen Forscher Pablo Delgado und Ladislao Salmerón (Delgado & Salmerón, 2021). Sie teilten die 132 Student*innen ihres Experiments in vier Gruppen auf. Zwei Gruppen lasen Sachtexte entweder am Bildschirm oder auf Papier ohne Zeitdruck und die anderen beiden Gruppen erhielten eine Zeitvorgabe, während sie am Bildschirm oder auf Papier lasen. Zusätzlich erfassten die Forscher noch weitere Variablen, die auf das Lesen einen Einfluss haben könnten, wie beispielsweise die Leistung des Arbeitsgedächtnisses und das Vorwissen. Nach dem Lesen der Texte bearbeiteten alle Student*innen ein Multiple-Choice-Quiz zu den Sachtexten, mit dem gemessen wurde, wie gut sie die Inhalte verstanden hatten. Zusätzlich schätzen die Student*innen ihr Leseverständnis selbst ein. Alle 99 Sekunden wurden die Student*innen außerdem unterbrochen und mussten mit einer einfachen Ja/Nein-Antwort angeben, ob sie gerade mit ihren Gedanken beim Sachtext waren oder andere Gedanken hatten. So wollten die Forscher herausfinden, welche Gruppe sich besser auf den Text konzentrieren konnte. Am Ende zeigte sich, dass die Gruppe, die unter Zeitdruck am Bildschirm gelesen hatte, beim Leseverständnistest am schlechtesten abschnitt. Die Forscher vermuten, dass gerade der Zeitdruck als zusätzlicher Stressfaktor dazu geführt hatte, dass die Student*innen am Bildschirm ihre Gedanken schlechter beim Sachtext halten konnten. Überrascht waren die Forscher allerdings von dem Ergebnis, dass alle Student*innen ihre Leistungen passend einschätzten. Der Grund dafür könnte sein, dass sie regelmäßig befragt wurden, ob sie mit den Gedanken noch beim Text waren. Weiterhin vermuten die Forscher, dass eventuell auch die Körperhaltung während des Lesens am Bildschirm etwas mit der Aufmerksamkeit zu haben könnte. Dazu sind aber noch weitere Forschungsergebnisse notwendig, um eine genaue Aussage machen zu können.

Es gibt außerdem auch noch die Möglichkeit, am Tablet zu lesen. Die Studien, die ich Ihnen bisher vorgestellt habe, bezogen sich auf den Vergleich zwischen Computerbildschirm und Papier. Die Forscher*innen Natalia Latini und Ivar Bråten (Latini & Bråten, 2021) von der Universität Oslo in Norwegen fanden in ihrer Studie jedoch heraus, dass die Student*innen sich weder im Leseverständnis noch beim Einsatz von Lesestrategien unterschieden – egal, ob sie einen Text mit einem Zeitlimit auf Papier oder als PDF-Dokument am Tablet lasen. Dieses Ergebnis hatten die Forscher*innen so auch nicht erwartet. Sie glauben, der Grund dafür könnte sein, dass die Student*innen freiwillig an der Untersuchung teilgenommen hatten und sehr motiviert waren. Außerdem überprüften sie das Leseverständnis nicht mit einem Multiple-Choice-Wissenstest, sondern anhand eines Aufsatzes zum Textthema. (An diesem Beispiel kann man gut sehen, dass schon kleine Veränderungen in der Studie, wie beispielsweise die freiwillige Teilnahme oder eine andere Methode der Wissensüberprüfung, zu anderen Ergebnissen führen können.)

Auch die spanischen Forscher Pablo Delgado und Ladislao Salmerón (Delgado & Salmerón, 2022) fanden in einer weiteren Studie heraus, dass sich das Textverständnis zwischen dem Lesen auf Papier und auf dem Tablet nicht unterschied. Auch der Zeitdruck spielte dabei keine Rolle, als sie spanische Student*innen Sachtexte mit verschiedenen Medien lesen ließen.

E-Book-Reader unterscheiden sich ebenfalls von Computerbildschirmen und Tablets, da sie mit einer Art elektronischer Tinte arbeiten, um langes Lesen angenehmer zu machen. Dennoch unterscheidet sich das Lesen eines Buches vom Lesen mit einem E-Book-Reader, denn Leser*innen fehlen sensorische Hinweisreize beim Lesen eines E-Books (Mangen et al., 2019). Auch wenn bei E-Book-Readern Fortschrittsanzeigen verfügbar sind, kann man den Lesefortschritt bei einem Buch schneller erkennen und aufgrund der Position im Buch auch fühlen. Forscher*innen vermuten außerdem, dass sich diese Orientierung im Buch auch auf die Orientierung im Textinhalt auswirkt.

Die norwegische Forscherin Anne Mangen und Kollegen (Mangen et al., 2019) gingen dieser Vermutung genauer nach. Sie teilten 50 Teilnehmer*innen in zwei Gruppen auf. Die eine Gruppe las eine literarische Kurzgeschichte in einem Taschenbuch und die andere Gruppe auf einem E-Book-Reader. Bei beiden Gruppen waren Seitenzahlen bzw. Fortschrittsanzeige nicht verfügbar. Beide Gruppen brauchten knapp eine Stunde, um den Text vollständig zu lesen. Insgesamt unterschieden sich die Gruppen kaum in wichtigen Punkten. Beide erinnerten sich gleich gut an den Inhalt der Geschichte und waren gleichermaßen in diese eingetaucht. Als die Teilnehmer*innen Elemente der Geschichte jedoch chronologisch ordnen sollten, schnitt die Buch-Gruppe besser ab als die E-Book-Reader-Gruppe. Auch bei der Aufgabe „Wo im Text?" waren die Buchleser*innen im Vorteil und konnten wichtige Ereignisse besser lokalisieren. Dabei gilt zu beachten, dass beide Aspekte – also zeitliche und räumliche Einordnung – miteinander verbunden sind. Das deutet darauf hin, dass die Leser*innen der Buch-Gruppe ein kohärenteres mentales Modell der Geschichte erstellt hatten, während die E-Book-Reader-Leser*innen weniger Orientierung in der Geschichte besaßen.

Eine andere Möglichkeit, Informationen aus Texten aufzunehmen, sind **Audiobooks** (Singh & Alexander,

2022). Hier steht die Forschung noch ziemlich am Anfang, obwohl es dieses Format bereits seit den 1970ern gibt und es immer beliebter wird. Meist wurden erzählende Texte und nur selten Sachtexte als Audiobook untersucht und mit dem Textlesen verglichen. Hinzu kommt, dass Zuhören flüchtiger als Lesen ist, wie Sie bereits aus dem zweiten Kapitel wissen. Sie können beim Zuhören schlechter eine Textstelle länger auf sich wirken lassen oder mit Kommentaren versehen. Ein weiteres Zuhörformat, das in den letzten Jahren immer beliebter geworden ist, sind **Podcasts**. Auch in diesem Medium werden Informationen anhand von Sprecher*innen oder Gesprächen vermittelt. Dabei lesen die Sprecher*innen jedoch nicht einfach einen Text vor, sodass der Vergleich zwischen dem Lesen auf Papier und dem Hören eines Podcasts noch schwieriger ist. Was Podcasts und Audiobooks jedoch verbindet, ist die Tatsache, dass man darin (im Unterschied zu geschriebenen Texten) weder Bilder noch Diagramme oder Videos einbinden kann.

> **Was bedeuten verschiedene Medien für Ihr Leseverhalten?**
>
> - **Lesen am Bildschirm oder auf Papier:** Seien Sie aufmerksam, wie Sie Texte am Bildschirm lesen. Natürlich ist das davon abhängig, wie wichtig der Text für Sie ist. Wenn Sie nur zur Unterhaltung lesen, können Sie sowohl Texte auf Papier als auch am Bildschirm einfach überfliegen. Wenn Sie den Inhalt dann später vergessen haben, ist das vermutlich nicht weiter tragisch. Wenn Sie jedoch einer wichtigen Frage nachgehen wollen (darauf liegt schließlich der Fokus in diesem Buch) dann sollten Sie anders vorgehen und genauer lesen, am besten auf Papier.
> - **Lesetempo beachten:** Lesen Sie nicht zu schnell, vor allem wenn Sie digital lesen. Beobachten Sie sich selbst und vergleichen Sie Ihr Vorgehen beim Lesen am Bildschirm und auf Papier. Wie gut können Sie sich

anschließend an die Textinhalte erinnern? Entdecken Sie Unterschiede (vor allem bei längeren Texten) (Science of reading: The Podcast, 2021)?
- **Lesen Sie aufmerksam und arbeiten Sie am Text:** Bearbeiten Sie den Text nach Ihren Vorlieben. Unterstreichen Sie gern im Text oder fügen kleine Kommentare hinzu? Dann ist Papier oder Lesen am Tablet (mit entsprechender Notiz-Funktionen und Stift) für Sie besser geeignet. Vielleicht machen Sie sich lieber Ihre Notizen zum Text auf einem gesonderten Blatt oder in einem anderen (Notiz-)Programm und arbeiten gar nicht am Text selbst (Science of reading: The Podcast, 2021). Finden Sie heraus, wie Sie am besten arbeiten, um wertvolle Inhalte aus dem Text herauszufiltern.
- **Den Überblick behalten:** Bei längeren Texten in digitaler Form hat man leider nicht den gleichen Überblick, wie bei gedruckten Texten, vor allem wenn Sie im Text vor- und zurückspringen möchten (Science of reading: The Podcast, 2021).
- **Nicht ablenken lassen:** Bei digitalen Texten, die nicht in einem PDF-Dokument vorliegen, sondern direkt auf einer Webseite verfügbar sind, kommen möglicherweise noch Werbung und Verweise zu weiteren Artikeln hinzu. Diese können Sie beim Lesen ablenken und machen es für Sie gleichzeitig noch anstrengender, sich auf die Inhalte zu konzentrieren. Papier ist hingegen störungsfreier.

5.2 Multimedia

Vermutlich ist Ihnen schon aufgefallen, dass das Internet nicht nur aus Texten und Buchstaben besteht. Häufig werden Texte durch Fotos, Diagramme, Abbildungen oder Videos ergänzt. Auch diese transportieren Informationen und sollen zum Verständnis von Inhalten beitragen. Das bringt jedoch auch weitere Herausforderungen für die Leser*innen mit sich.

Wer das Wort Multimedia hört, denkt wahrscheinlich selten an die Kombination von Text und Bild. Multimedia hört sich neu und innovativ an, Texte und Bilder gibt es gefühlt schon ewig. Doch der Begriff Multimedia bedeutet letztlich nur, dass verschiedene Medien zum Einsatz kommen, wie beispielsweise Texte und Bilder. Da diese Kombination schon lange in jedem Schulbuch zu finden ist, wird sie auch schon länger wissenschaftlich untersucht, unter anderem in der Pädagogischen Psychologie. Kurz zusammengefasst, geht es bei multimedialer Informationsverarbeitung immer darum, sprachliche und bildliche Informationen sinnvoll zusammenzubringen – egal, ob diese Informationen aus Bildern, Texten, Diagrammen oder Videos kommen (Scheiter et al., 2020).

5.2.1 Die kognitive Theorie multimedialen Lernens

Wagen wir einen kurzen Einblick in die psychologische Theorie von Multimedia oder auch der *kognitiven Theorie des multimedialen Lernens*, die Richard E. Mayer aufgestellt hat (Mayer, 2005; Niegemann et al., 2008). Wenn Sie bei einem Vortrag sitzen und dazu noch eine Präsentation mit Bildern oder Diagrammen gezeigt wird, müssen Sie all diese Informationen gleichzeitig verarbeiten. Doch was passiert dabei genau?

Ein wichtiges Prinzip des multimedialen Lernens besagt, dass Menschen besser lernen, wenn sie Bilder und Text präsentiert bekommen anstatt nur eines von beiden. Möglicherweise bevorzugen Sie auch Sachbuchtexte mit hilfreichen, zum Thema passenden Abbildungen, um ein neues Themengebiet zu erfassen. Die kognitive Theorie multimedialen Lernens basiert auf drei Annahmen:

- **Duale Kodierung:** Menschen nehmen Informationen über zwei Kanäle auf. Der visuell/bildhafte Kanal ist für Informationen aus Bildern, Grafiken und Animationen zuständig und der auditiv/verbale Kanal für Sprechtexte, Musik und Geräusche. Bei geschriebenen Texten wechselt der Verarbeitungskanal in unserem Arbeitsgedächtnis von visuell/bildhaft zu auditiv/verbal und beide Kanäle werden belastet.
- **Die Arbeitsgedächtniskapazität ist begrenzt:** Schon im zweiten Kapitel haben Sie erfahren, dass die Informationsverarbeitung in unserem Arbeitsgedächtnis begrenzt ist. Das gilt auch bei der Verarbeitung von multimedialen Inhalten. Doch diese Begrenzung gilt für jeden Kanal einzeln. Das bedeutet, wenn beide Kanäle genutzt werden, können mehr Informationen verarbeitet werden.
- **Aktive kognitive Verarbeitung von Informationen:** Auch diesen Punkt haben Sie in diesem Buch schon öfter gelesen. Wenn Sie ein mentales Modell von einem Text oder eben auch multimedialen Inhalten erstellen wollen, ist das ein aktiver (und auch anstrengender) Prozess. Dazu gehört, dass Sie Informationen aufmerksam auswählen, diese organisieren und anschließend in bestehendes Wissen integrieren. Denn nur so werden aus Bildern oder Worten sinnhafte Wissensinhalte. Um diesen Prozess zu unterstützen, können Sie Strategien anwenden, beispielsweise indem Sie neue Informationen vergleichen oder einordnen.

Auch bei der kognitiven Theorie multimedialen Lernens spielen die Gedächtnisarten sensorisches Gedächtnis, Arbeitsgedächtnis und Langzeitgedächtnis eine bedeutende Rolle. Die meiste Arbeit übernimmt dabei das Arbeitsgedächtnis, denn hier wählen Sie die Informationen aus und organisieren und integrieren diese. Egal, ob Sie einen längeren Text lesen oder eine komplexe Abbildung sehen, Sie werden sich nicht jedes Wort oder Detail daraus merken können, denn unsere Arbeitsgedächtniskapazität ist begrenzt. Daher müssen Sie auswählen, was für Sie wichtig ist. Diese ausgewählten Bildteile oder Wörter bzw. Wortgruppen müssen Sie anschließend organisieren, damit alles einen Sinn ergibt. Ansonsten wäre es einfach nur Konfetti aus Wörtern und Bildteilen. Auch die Organisation von Informationen ist anstrengend, denn Sie haben auch nicht die Kapazität, alle erdenklichen Verbindungen zwischen den ausgewählten Bildteilen oder Wörtern zu ziehen. Auch hier müssen Sie entscheiden, welche Verbindung sinnhaft ist. Dabei erstellen Sie für die Bildteile bildliche Modelle und für die Wörter verbale Modelle in Ihrem Arbeitsgedächtnis. Im letzten Schritt erfolgt dann die Integration. Dazu bringen Sie das verbale Model mit dem bildhaften Modell und Ihrem Vorwissen aus dem Langzeitgedächtnis zusammen. All diese Vorgänge laufen in Ihrem Gedächtnis meist automatisch ab, ohne dass Sie groß darüber nachdenken müssen. Erst wenn Verständnisprobleme auftreten, denken Sie genauer über einzelne Arbeitsschritte nach und fragen sich beispielsweise, ob Sie ein Wort richtig gelesen oder gehört haben (Mayer, 2005; Niegemann et al., 2008).

Etwas anschaulicher wird dieses Vorgehen eventuell, wenn Sie sich vorstellen, dass Sie vor einer leeren Tafel stehen. Neben Ihnen liegen verschiedene Texte zu einem Thema. Sie schneiden zuerst wichtige Wörter und Bilder aus und befestigen diese mit Magneten an der Tafel. Danach organisieren Sie die ausgeschnittenen Bilder und Wörter so, dass diese ein sinnhaftes Schaubild ergeben. Möglicherweise gibt es eine Überschrift und verschiedene Prozessschritte, die Sie darstellen möchten. Am Ende fügen Sie noch eigenes Wissen mit einem Stift hinzu, um das Bild zu vervollständigen. Ziel ist es, am Ende ein informatives Schaubild an der Tafel zu gestalten, das Ihr inneres Modell des Themas zeigt. An diesem Beispiel merken Sie schon, dass die beschriebenen Prozesse nicht alle einmalig ablaufen und dann abgeschlossen sind. Sie fangen vielleicht mit einem Wort an, dann kommt ein Bild dazu, dann ergänzen Sie etwas mit dem Stift und schneiden danach ein weiteres Wort aus. Nach und nach wächst Ihr Schaubild. Das Gleiche passiert auch, wenn Sie einem Vortrag mit Präsentationsfolien folgen. Auch da wählen Sie nicht erst alle Wörter und anschließend alle wichtigen Bilder aus. Alle Vorgänge passieren parallel. Sie hören ein wichtiges Wort, sehen ein wichtiges Bild bzw. Bildteil, dazu fällt Ihnen etwas ein und so weiter.

Was können Sie mit dieser Theorie anfangen, wenn Sie neue multimediale Informationen aufnehmen möchten? Sie wissen jetzt, dass es in Ihrem Arbeitsgedächtnis zwei Kanäle gibt – einen visuell/bildhaften und einen auditiv/verbalen – die Sie mit entsprechenden Informationen füttern können. Dabei kann jedoch Folgendes passieren (Niegemann et al., 2008):

- **Ein Kanal ist überlastet:** Sie hören einer Rednerin sehr lange zu und nehmen dabei viele wichtige Informationen über Ihren auditiv/verbalen Kanal auf. Irgendwann (abhängig von Ihrem Vorwissen zum Thema) ist Ihr Kanal voll, Ihr Arbeitsgedächtnis überlastet und Sie können keine neuen Informationen mehr verarbeiten. Der Vortrag zieht dann nur noch an Ihnen vorbei und Sie sind nicht mehr richtig bei der Sache.
- **Beide Kanäle sind überlastet:** Sie hören einen Vortrag, bei dem der Redner nicht nur spricht, sondern zusätzlich auch viele komplizierte Abbildungen und (geschriebene)Texte präsentiert. Auch dieser Vortrag erfordert viel Kapazität in Ihrem Arbeitsgedächtnis und zwar auf beiden Kanälen: Die Abbildungen auf

dem visuell/bildhaften Kanal, die gesprochene Sprache des Redners auf dem auditiv/verbalen und zusätzlich noch der geschriebene Text, der beide Kanäle belastet. Am Ende müssen alle Informationen aus den beiden Kanälen noch zu einem mentalen Modell zusammengefügt werden. Das kann Sie als Zuschauer*in belasten und auch überlasten, so dass Sie die Informationen nicht verarbeiten und behalten können.

Leider gilt auch an dieser Stelle wieder, dass Sie sich nicht immer aussuchen können, wie Ihnen Informationen präsentiert werden. Nutzen Sie daher Strategien, um Ihre Informationsverarbeitung zu unterstützen. Bei Vorträgen können Sie sich beispielsweise Notizen machen, wichtige Abbildungen abfotografieren oder sich die Vortragsfolien nach der Präsentation zusenden lassen, um die Inhalte später noch einmal in Ruhe zu lesen und zu verarbeiten.

5.2.2 Verschiedene visuelle Darstellungsformen

Bisher haben Sie in diesem Buch erfahren, wie aufwendig es für unser Gehirn ist, einen oder sogar mehrere Texte zu lesen, zu verstehen und inhaltlich zu einem Bild zu integrieren. Nun kommen weitere Darstellungsformen wie Abbildungen, Diagramme oder Tabellen hinzu, die Sie ebenfalls richtig lesen und deuten müssen. Im besten Fall stehen diese auch noch in Verbindung zu einem Text, so dass Sie sowohl den Text als auch die Darstellung verstehen müssen. Anschließend integrieren Sie beide und ziehen daraus eine Schlussfolgerung (Nerdel et al., 2019). Da Sie über die Texte bereits informiert sind, sehen wir uns nun die Darstellungen genauer an. Dabei geht es nicht um dekorative Elemente, die den Text verschönern sollen, sondern um zusätzliche Informationen, die den Textinhalt ergänzen. Diese zusätzlichen Informationen lassen sich vielleicht in einer Tabelle übersichtlich darstellen. (Wer möchte schon einen Fließtext über den Inhalt einer längeren Tabelle lesen? Das kann sehr ermüdend sein.) Vielleicht sagt aber auch ein Bild mehr als tausend Worte. Studien haben gezeigt, dass Lerner*innen Abbildungen und Texte nicht immer bestmöglich für ihren Lernfortschritt nutzen und teilweise sogar ignorieren (Scheiter et al., 2020).

Überlegen Sie doch einfach mal kurz, wie Sie mit Texten und Abbildungen, Diagrammen und Tabellen umgehen? Sehen Sie sich beides genau an? Ignorieren Sie die Abbildungen meist und lesen nur den Text? Sehen Sie sich lieber die Abbildungen genauer an und überfliegen den Text nur kurz?

Bei wissenschaftlichen Texten ist die Art der Darstellung meist eng mit dem Fach verbunden (Nerdel et al., 2019). Ein technischer Bauplan einer Maschine aus den Ingenieurwissenschaften „liest" sich anders als eine Mikroskop-Aufnahme aus der Biologie oder eine Tabelle in der Betriebswirtschaftslehre. Jedes Fach hat somit nicht nur seine eigenen Fachbegriffe und Methoden sondern auch seine eigenen Darstellungsformen, welche die Expertise in diesem Fach ausmachen. Das bedeutet für Sie, dass Sie sich vielleicht schon durch den komplizierten Fachtext gequält und die Fachwörter nachgesehen haben. Dann taucht auch noch eine Abbildung oder ein Diagramm auf und Sie haben keine Ahnung, was Sie darin sehen sollen. Was können Sie dann tun?

5 Mehr als nur Text! – Umgang mit Multimedia

Übersicht: Lesen von Abbildungen und Diagrammen

Beginnen wir mit ein paar sehr allgemeinen Hinweisen, welche die Wissenschaftlerin Jennifer Cromley und Kollegen (Cromley et al., 2017) für ein Schüler*innen-Training im Fach Biologie zusammengestellt haben. (Leider kann Ihnen dieses Buch nicht alle Darstellungsbesonderheiten in jedem erdenklichen Fach vorstellen.)

- **Lesen Sie die Bildunterschriften:** Diese erklären, was in der Abbildung dargestellt ist.
- **Achten Sie auf Farben:** Diese können entweder wie in Fotos realistisch sein oder aber eine symbolische Bedeutung haben, wie beispielsweise in Diagrammen.
- **Informieren Sie sich über Abkürzungen und Symbole:** Wenn es sich nicht um allgemein bekannte Symbole (z. B. aus der Mathematik oder den Naturwissenschaften) handelt, gibt es eine Legende oder diese werden in der Bildunterschrift erklärt. Auch Buchstaben oder Zahlen können die Funktion von Symbolen übernehmen.
- **Ordnen Sie Bildausschnitte ein:** Teilweise werden Details oder Prozessschritte vergrößert dargestellt. Diese sollten jedoch in den Gesamtkontext eingeordnet werden.
- **Beachten Sie Pfeile:** Prozesspfeile geben eine (Bewegungs-)Richtung oder einen Ablauf vor. Zwei parallele Pfeile übereinander, die in verschiedene Richtungen weisen, zeigen, dass Objekte ineinander transformiert werden können.
- **Lesen Sie Beschriftungen:** Beschriftungen weisen zum einen auf bestimmte Punkte in einer Abbildung oder in einem Diagramm hin. Andererseits können (erklärende) Beschriftungen auch Prozesse verdeutlichen. Diese müssen Sie dann in der richtigen Reihenfolge lesen.
- **Lesen Sie Tabellenbeschriftungen:** Auch hier sollten Sie die Tabellenüberschrift sowie die Beschriftung der Zeilen und Spalten lesen.

Ich würde an dieser Stelle noch einen Hinweis für Achsendiagramme ergänzen:

- **Lesen Sie die Beschriftungen an Achsendiagrammen:** Achten Sie auf die Beschriftung der Achsen und deren angegebenen Einheiten.

Sehen wir uns doch ein Achsendiagramm genauer an. An diesem Beispiel möchte ich Ihnen verdeutlichen, dass Sie verschiedene Fähigkeiten und Vorwissen benötigen, um so eine komplexe Darstellung wie ein Diagramm richtig zu lesen. Achsendiagramme haben Sie höchstwahrscheinlich in Ihrer Schulzeit kennengelernt und besitzen auch schon einige Vorerfahrungen dazu. Häufig gibt ein Achsendiagramm den Zusammenhang zwischen zwei Variablen wieder. Ich sehe mir solche Diagramme beispielsweise an, wenn ich eine Urlaubsreise plane. Da das meist ein schönes Ereignis ist, habe ich mich hier für ein Klimadiagramm von Sylt entschieden (obwohl ich da noch nie war). Wenn Sie sich so ein Diagramm wie in Abb. 5.1 ansehen, brauchen Sie etwas Vorwissen. Auf der x-Achse sind die Monate eines Jahres abgetragen – oft nur in Abkürzungen oder nur mit dem Anfangsbuchstaben versehen. Auf der y-Achse gibt es zwei Skalen: die Temperatur in Grad Celsius und die Niederschlagsmenge in Millimeter. Diese sind teilweise noch farblich unterschiedlich gekennzeichnet (die Temperatur in rot und der Niederschlag in blau). Somit haben auch die eingesetzten Farben eine symbolische Bedeutung. Aber auch in schwarz-weiß

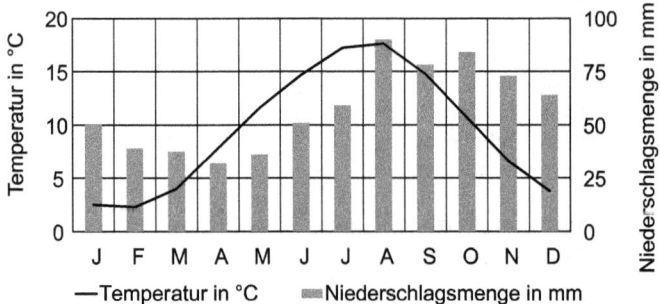

Abb. 5.1 Klimadiagramm Sylt (vieljährige Mittelwerte 1991–2020). (Quelle der Daten: Deutscher Wetterdienst, o. J.)

kann das Diagramm auftreten. Dann sollten Sie wissen, dass Grad Celsius (meist als Abkürzung °C) die Einheit für die Temperatur ist und der Niederschlag in Millimeter (ebenfalls als Abkürzung mm) angegeben ist. Dieses Vorwissen bringen Sie vielleicht aus dem Sachunterricht, der Physik oder der Mathematik mit und wenden es nun auf ein Klimadiagramm der Geografie an (Nerdel et al., 2019). Anhand dieses Klimadiagramms können Sie dann die entsprechenden Werte ablesen – wie warm wird es im Monat Mai an Ihrem Urlaubsort wahrscheinlich sein und wie viel regnet es vermutlich. Dazu müssen Sie die Werte richtig ablesen und mit denen des restlichen Jahres in Beziehung setzen, um dann zu entscheiden, ob der Mai eine gute Reisezeit für Sie ist. In der Schule müssten Sie zu so einem Diagramm vermutlich eine Textaufgabe lösen, die Daten integrieren und dann in einen Antworttext übersetzen. Das bleibt Ihnen jetzt erspart, doch auch für Ihre Reise müssen Sie die richtigen Schlussfolgerungen ziehen, um möglichst schönes Wetter im Urlaub zu haben (soweit man es vorhersagen kann).

Wenn Sie so ein Klimadiagramm in einem Reiseführer oder in einem Reiseblog im Internet finden, gibt es meist auch noch einen Text dazu, der das Diagramm für Sie schon interpretiert hat, Ihnen die beste Reisezeit nennt und Ihnen zusätzliche Informationen gibt. Das bedeutet, Sie müssen die Inhalte des Diagramms auch noch mit dem gelesenen Text in Verbindung bringen.

Doch auch hier trifft zu, was Sie bereits in diesem Buch über das Lesen von Texten von verschiedenen Autor*innen gelernt haben: Wenn Sie den Text von einem/einer Autor*in lesen und dieser Abbildungen, Diagramme oder Tabellen enthält, wird der/die Autor*in vermutlich im Text darauf verweisen. Natürlich kann das auch nur sehr oberflächlich erfolgen, aber vermutlich hatte der/die Autor*in eine Intention dabei, die Abbildungen aufzunehmen. Wenn Sie jedoch beispielsweise einen medizinischen Text lesen und sich selbst eine Abbildung dazu suchen, dann fehlt die konkrete Verbindung zwischen Text und Bild. Vielleicht können Sie noch nicht einmal sicher sein, ob das Bild wirklich genau zum Text passt, weil die Beschriftung mit anderen Fachworten erfolgt oder die Abbildung nicht genau auf den Teil des Köpers abzielt, mit dem Sie sich gerade beschäftigen. Das bedeutet für Sie als Leser*in, dass Sie die Verbindung zwischen Text und Abbildung selbst herstellen müssen. Das ist natürlich noch herausfordernder für Ihr Arbeitsgedächtnis, als wenn Text und Abbildung zusammengehörig aufbereitet sind.

5.3 Kognitive Belastung reduzieren

Jetzt möchte ich Ihnen drei Kombinationen vorstellen, in denen Text und Abbildung bzw. Diagramm gemeinsam auftreten können. Diese Kombinationen kommen aus dem Forschungsbereich, der sich mit der kognitive Belastung des Arbeitsgedächtnisses beschäftigt. (Sie haben ja bereits gelernt, dass unser Arbeitsgedächtnis in seiner Kapazität begrenzt ist.) In diesem Forschungsbereich der Psychologie wird untersucht, welche Strategien für Lerner*innen hilfreich sind, um Neues zu lernen, ohne das Arbeitsgedächtnis dabei zu überlasten (Castro-Alonso et al., 2021). Denn wenn das der Fall ist, behält man die Informationen nicht und Lernen findet ebenfalls nicht statt. Wenn wir dazu zu unserem Bild mit dem Arbeitsgedächtnis als Schreibtisch zurückkehren, lägen auf diesem bildhaft gesprochen ein riesiger Stapel mit Unterlagen, den Sie mal eben schnell sortieren und bearbeiten sollen, ohne dass Sie sich mit dem Thema auskennen. Das wird nicht funktionieren. Wenn Sie an einem Kurs teilnehmen, können Sie erwarten, dass der/die Dozent*in gutes und geeignetes Lernmaterial auswählt, um Sie nicht mit einem neuen Thema zu überfordern. Wenn Sie jedoch allein im Internet nach Informationen suchen, müssen Sie mit den Materialien zurechtkommen, die Sie dort finden. Das können hilfreiche Texte sein, eine Abbildung oder ein gutes Diagramm. Dann müssen Sie selber herausfinden, wie Sie anhand Ihrer Fundstücke zu der Antwort kommen, die Sie brauchen.

Doch was können Sie tun, wenn Ihre gefundenen Texte und Abbildungen nicht optimal (wie im Lehrbuch) aufbereitet sind? Wie können Sie sich das Lernen erleichtern, ohne Ihr Arbeitsgedächtnis dabei zu überlasten? Nachfolgend finden Sie drei häufige Schwierigkeiten und wie Sie mit diesen umgehen können.

Schwierigkeit: Text und Bild sind getrennt voneinander dargestellt

Wenn Text und Bild entfernt voneinander dargestellt sind, müssen Sie immer wieder zwischen Text und Bild hin- und her wechseln, um beide inhaltlich zu verbinden (Castro-Alonso et al., 2021). Das erschwert Ihre Informationsverarbeitung. Dabei kann es sein, dass Abbildungen an einer Stelle im Text stehen, der passende Verweis dazu jedoch an einer anderen Stelle im Text zu finden ist (z. B. fünf Seiten später). Es ist jedoch auch möglich, dass Beschriftungen nicht direkt in den Abbildungen zu finden sind oder mit kleinen Zahlen beschriftet und als Legende neben dem Bild präsentiert werden. Somit müssen Sie die Abbildungen und die Beschriftungen erst selbst zusammenbringen.

> **Was können Sie tun, wenn Bild und Text getrennt voneinander dargestellt werden?**
>
> - **Abbildungen selbstständig beschriften:** Drucken Sie sich die Abbildung aus oder fügen Sie diese in ein Notizprogramm ein, in dem Sie Beschriftungen vornehmen können. Manchmal findet man auch hilfreiche Abbildungen, die jedoch in einer anderen Sprache beschriftet sind. Werden Sie aktiv und beschriften Sie die Elemente mit den Begriffen, die Sie brauchen.
> - **Pfeile und Verbindungslinien verwenden:** Drucken Sie sich die Abbildung und den Text aus oder fügen Sie diese in ein Notizprogramm ein, in dem Sie Beschriftungen vornehmen können. Zeichnen Sie dann Verbindungslinien zwischen Text und entsprechenden Elementen in der Abbildung. Falls das nicht möglich oder zu aufwendig ist, ist es schon hilfreich, die Verbindung einfach mit dem Finger nachzufahren. Auch diese einfache Geste kann schon helfen.
> - **Sich die Verbindung nur vorstellen:** Falls Ihnen der vorherige Punkt immer noch zu aufwendig oder nicht umsetzbar ist, können Sie sich die Verbindung von Text und Bild auch einfach vorstellen.

In einer Studie untersuchten die niederländischen Forscher Björn de Koning, Gertjan Rop und Fred Paas (de Koning et al., 2020), welche Strategie am effektivsten ist, wenn die Abbildung und der dazugehörige Text getrennt voneinander dargestellt sind. Dazu teilten sie 87 Psychologiestudent*innen in vier Gruppen ein. Die erste Gruppe („Getrennt") erhielt Abbildung und Text voneinander getrennt, die zweite Gruppe („Physisch zuordnen") sollte den Text der Abbildung selbst zuordnen, die dritte Gruppe („Mental zuordnen") verband den Text nur mental mit der Abbildung und die vierte Gruppe („Integration") erhielt den Text schon in der Abbildung integriert. Die Student*innen wurden nach ihrem Vorwissen zum Thema befragt und die Gruppe „Mental zuordnen" erhielt eine kurze Einführung zur Methode, die sie anwenden sollte.

Alle Gruppen erhielten dann eine Abbildung mit einer Legende in Textform zu einem elektrischen Schaltkreis mit mehreren Bauteilen, wie Schaltern, einem Licht und einer Klingel. Anschließend sollten sie verschiedene Aufgaben dazu bearbeiten. Sie sollten den Schaltkreis aus dem Gedächtnis zeichnen, offene Verständnisfragen („Welche Schalter sind gedrückt, wenn das Licht leuchtet?") und schlussfolgernde Fragen („Nachdem der Startknopf losgelassen wurde, sind Licht und Klingel ausgeschaltet. Was ist der Grund für dieses Problem?") beantworten.

Die Forscher analysierten die Daten und fanden heraus, dass die Gruppenleistungen sich bei den ersten beiden Aufgaben unterschieden, jedoch nicht bei den schlussfolgernden Fragen. Die Gruppe „Getrennt" zeigte bei den ersten beiden Aufgaben niedrige Leistungen. Das unterstützt laut der Forscher die bestehende Annahme, dass eine integrierte Darstellung von Abbildung und Text zu besseren Lernergebnissen führt als eine getrennte Darstellung. Erwartungsgemäß schnitt die Gruppe „Integration" am besten ab, gefolgt von der Gruppe „Mental zuordnen". Somit waren Student*innen, welche Text und Abbildung mental zuordneten erfolgreicher als Student*innen, welche die Texte physisch zuordneten. Die Forscher vermuten, dass die Gruppe „Mental zuordnen" die Inhalte aus Abbildung und Text aktiver integrierte als die Gruppe „Physisch zuordnen", die mit der Maus die richtige Beschriftung auswählen und an die entsprechende Stelle in der Abbildung ziehen musste. In bisherigen Studien hatte auch das physische Zuordnen gut abgeschnitten, doch wurden diese Studien mit anderen Altersgruppen und zusätzlichen Methoden wie dem Unterstreichen kombiniert. Warum sich die Gruppen jedoch beim Schlussfolgern nicht unterschieden, konnten die Forscher nicht vollständig klären.

Was können Sie aus dieser Studie mitnehmen? Es ist natürlich immer am angenehmsten, wenn alles schön aufbereitet ist. Doch leider kann man sich das nicht immer aussuchen. Selbst wenn Sie Text und Abbildung nicht zusammenfügen können (weil Sie beides in einem Buch oder am Bildschirm sehen), ist das kein Problem. Viel wichtiger ist auch hierbei wieder, dass Sie kognitiv aktiv sind und wirklich versuchen, Abbildung und die dazugehörigen Beschriftungen oder Erklärungen gedanklich zusammenzubringen und somit die Abbildung zu verstehen.

Schwierigkeit: Informationen aus Bild und Text überschneiden sich
Manchmal finden Sie in den Texten die gleichen Informationen wie in den dazugehörigen Bildern. Jetzt könnte man denken: Halb so wild, doppelt hält besser. Jedoch haben Studien gezeigt, dass es beim Lernen auch hinderlich sein kann, wenn Informationen sich doppeln oder für das Thema gar nicht relevant sind (Castro-Alonso et al., 2021). Wenn Sie dabei nochmal an das Arbeitsgedächtnis und das dazugehörige Beispiel mit dem Schreibtisch denken, ist Ihnen vermutlich schnell klar, dass Sie nicht alle Informationen doppelt und dreifach auf Ihrem Schreibtisch haben möchten. Auch unwichtige Informationen helfen Ihnen nicht weiter. Diese nehmen nur kostbaren Platz auf Ihrem Schreibtisch ein, unterstützen jedoch nicht bei der eigentlichen Arbeit. In diesem Fall gilt (und zum Glück gibt es zu fast allem ein Sprichwort): Weniger ist mehr. Auch die Expertise zum Thema kommt hier wieder ins Spiel. Wenn Sie schon viel zu einem Thema wissen, brauchen Sie nur sehr spezifische neue Informationen. Sollten Sie jedoch kein Vorwissen besitzen, benötigen Sie mehr grundlegende Informationen. Fachfremde Personen und

Expert*innen brauchen somit unterschiedliche Arten von Informationen, um ihr Wissen zu erweitern.

Doch auch hier gilt, dass man sich die Aufbereitung der Informationen nicht immer aussuchen kann und man eben mit dem Arbeiten muss, was man findet.

> **Was können Sie tun, wenn Informationen aus Bild und Text sich überschneiden?**
>
> - **Zusammenfassung erstellen:** Nehmen Sie sich ein Blatt und erstellen Sie Ihre eigene Zusammenfassung aus den gefundenen Informationen. Dabei müssen Sie zwangsläufig die wichtigsten Informationen aus den gefundenen Texten herausfiltern – das kann je nach Thema und Expertise einfach oder schwierig sein.

Schwierigkeit: Bild und Text betonen unwichtige Informationen

Ebenfalls möglich ist, dass ein Text oder eine Abbildung nicht die Informationen hervorhebt, die für Sie und Ihre Frage gerade wichtig wären. Somit wären eher unwichtige Informationen hervorgehoben, die Ihr Arbeitsgedächtnis unnötig belasten (Castro-Alonso et al., 2021).

> **Was können Sie tun, wenn Bild und Text unwichtige Informationen betonen?**
>
> - **Unterstreichen oder markieren:** Drucken Sie sich die Abbildung oder den Text aus oder fügen Sie diese in ein Notizprogramm ein, in dem Sie Beschriftungen vornehmen können. Unterstreichen oder markieren Sie die für Sie wichtigen Textstellen und Elemente. So werden die Informationen betont, die für Sie relevant sind.

Eine weitere Möglichkeit, wie Sie Schritt für Schritt vorgehen können, wenn Sie Inhalte aus Abbildungen und Texten zusammenbringen möchten, zeigen die Forscher*innen Sabine Schlag und Rolf Plötzner (Schlag & Plötzner, 2011). (Kleine Anmerkung: Bevor Sie sich fragen, ich bin mit Sabine Schlag weder bekannt noch verwandt.) Sie haben ein Arbeitsblatt mit Lernstrategien erstellt, das beim Umgang mit Texten und Abbildungen unterstützt. Dieses beinhaltet sechs Arbeitsschritte:

> **Selektion und Organisation von Informationen**
> 1. Verschaffen Sie sich einen Überblick über Text und Abbildung.
> 2. Unterstreichen Sie relevante Begriffe im Text.
> 3. Markieren Sie relevante Elemente im Bild.
> 4. Nutzen Sie unterstrichene Begriffe im Text, um entsprechende Bildelemente damit zu beschriften.
>
> **Integration und Transformation von Informationen:**
> 5. Fassen Sie Text- und Bildinformationen in eigenen Worten zusammen.
> 6. Fertigen Sie eine zusammenfassende Skizze an. (Übersetzung, Schlag & Plötzner, 2011, S. 927)

Diese Abfolge der sechs genannten Lernstrategien haben die Forscher*innen auch erfolgreich an Sechstklässler*innen getestet, wobei die Gruppe mit den Lernstrategien im Abschlusstest besser abschnitt als die Kontrollgruppe ohne die Lernstrategien. Sollte bei Ihnen die sechste Klasse schon etwas länger zurück liegen, haben Sie sich vermutlich schon eigene Strategien angeeignet, um Informationen aus Texten und Abbildungen zusammenzubringen. Oftmals stehen in der Schulzeit Lesestrategien im Vordergrund und Strategien für den Umgang mit Abbildungen werden seltener vermittelt.

5.4 … und was ist mit Videos?

Videos sind fester Bestandteil des Internets. Neben lustigen Katzenvideos gibt es auch eine Menge informativer und erklärender Videoinhalte. Videos werden immer beliebter, da sie einfacher zu konsumieren sind als Text. Mit bewegten Bildern lassen sich beispielsweise Abläufe und Prozesse noch anschaulicher darstellen (so wie man es seit Jahrzehnten aus dem Fernsehen gewohnt ist). Doch lernt man aus Videos genauso viel wie aus Texten?

Georg Pardi und Kolleg*innen (Pardi et al., 2020) vom Leibniz-Institut für Wissensmedien in Tübingen haben untersucht, womit Erwachsene ihre Zeit bei der Internetsuche verbringen. Sie ließen 115 Student*innen 30 Minuten im Internet frei nach Informationen über „Donner und Blitze" suchen. Die Student*innen schrieben sowohl vor der Suche im Internet als auch danach einen Aufsatz zum Thema. Auf diese Weise konnten die Forscher*innen messen, wie viel Wissen die Student*innen während der Suche dazugelernt hatten. Außerdem erfassten sie das Leseverständnis und die Arbeitsgedächtniskapazität der Student*innen. Heraus kam, dass die Student*innen sowohl Texte zum Thema lasen als auch Videos anschauten. Nur 18 der 115 Student*innen sahen sich keine Videos an. Je besser das Leseverständnis und die Arbeitsgedächtniskapazität der Student*innen war, desto mehr richtige Konzepte zum Thema „Donner und Blitze" präsentierten die Student*innen in ihren Aufsätzen. Auch die Zeit, die sie mit dem Lesen von Webtexten verbrachten, trug positiv zum Lernergebnis bei. Bei den Videos zeigte sich dieser Zusammenhang hingegen nicht, sie trugen nicht zu einem guten Lernergebnis bei. Die Forscher*innen räumen jedoch ein, dass sie nicht die

Qualität der einbezogenen Texte und Videos in die Ergebnisse einbezogen haben.

Ein anderes Ergebnis erhielten Pablo Delgado und Kolleg*innen (Delgado et al., 2021) als sie 164 spanische Schüler*innen der neunten und zehnten Klasse untersuchten. Die Schüler*innen sahen jeweils zwei kurze Lernvideos und lasen zwei kurze Texte zu unterschiedlichen wissenschaftlichen oder sozialen Themen. Die Videos konnten die Schüler*innen selbstständig kontrollieren, also vor-und zurückspulen und anhalten. Während sich eine Gruppe von Schüler*innen Notizen zu den Texten und Videos machen sollte, die sie bei späteren Aufgaben auch nutzen durfte, arbeitete die andere Gruppe ohne Notizen. Die Forscher*innen fanden heraus, dass sich die Leistung der Schüler*innen im anschließenden Wissenstest nicht zwischen den beiden Formaten (Text oder Video) unterschied. Überraschenderweise trugen auch die Notizen, die die eine Gruppe anfertigte, nicht zu besseren Leistungen im Wissenstest bei. Das könnte daran gelegen haben, dass die Schüler*innen eher oberflächliche Notizen mit wortwörtlichen Formulierungen anfertigten. Dass es in dieser Studie keinen Unterschied zwischen den Formaten Text und Video gab, begründen die Forscher*innen damit, dass die Videos und Texte zum einen eher kurz waren und zum anderen in einem kontrollierten Rahmen verwendet wurden. Das bedeutet, dass die Schüler*innen Texte und Videos vorgegeben bekommen haben (was einer realen Unterrichtssituation entsprechen würde) und nicht allein danach im Internet gesucht haben.

Für Sie trifft das Vorgehen leider nicht zu, wenn Sie nach Informationen suchen. Ihnen sucht niemand die besten Texte und Videos in angemessener Länge heraus. Sie müssen selbst danach suchen. Wenn Sie es jedoch schaffen, hilfreiche Texte und Videos zu finden, können Ihnen beide Formate helfen, Ihr Wissen zu erweitern.

Schwierigkeit: Zu viele flüchtige Informationen
Bei Videos kann es der Fall sein, dass diese Ihnen zu schnell zu viele Informationen präsentieren. Diese Informationen können dann nicht ausreichend im Arbeitsgedächtnis verarbeitet werden und Sie sind kognitiv überlastet (Castro-Alonso et al., 2021). Das sollten Sie jedoch vermeiden, wenn Sie neues Wissen aufbauen möchten.

> **Was können Sie tun, wenn zu viele flüchtige Informationen gezeigt werden?**
> - **Pause-Taste, Zurückspulen, Vorspulen:** Sie müssen das Video nicht einfach an sich vorbeirasen lassen. Übernehmen Sie selbst die Steuerung. Drücken Sie die Pause-Taste und nehmen Sie sich Zeit zum Nachdenken. Wenn Sie etwas noch einmal sehen möchten, spulen Sie zurück. Sehen Sie sich bestimmte Abläufe beliebig oft an und achten Sie auf verschiedene Details. Nutzen Sie auch die Funktion des Vorspulens, um genau zu den Informationen zu gelangen, die Sie brauchen.
> - **Geschwindigkeit einstellen:** Viele Videoanbieter ermöglichen es, die Geschwindigkeit von Videos einzustellen. Somit können Sie wichtige Inhalte langsamer abspielen lassen und unwichtige Abschnitte schneller.
> - **Untertitel an oder aus:** Teilweise gibt es bei Videos auch die Möglichkeit, sich einen Untertitel einblenden zu lassen. Das ist vor allem für Videos in Sprachen relevant, die Sie nicht beherrschen. Doch auch wenn Sie eine Fremdsprache nicht fließend sprechen, kann ein Untertitel in der gleichen Sprache unterstützen. (Manchmal werden Untertitel leider auch automatisch generiert, beinhalten Fehler und tragen dann eher zur Verwirrung bei). Doch wann immer Sie einen Untertitel nutzen, sollten Sie noch mehr Zeit für das Video einplanen, da Sie nicht zur gleichen Zeit den Untertitel lesen und

> das Video genau ansehen können. Problematisch ist es auch, wenn Sie einen Untertitel einblenden, obwohl Sie ihn nicht benötigen. Denn dann doppeln sich die Informationen, die Sie lesen und hören. Das wiederum führt zu einer unnötigen kognitiven Belastung.

Literatur

Castro-Alonso, J. C., de Koning, B. B., Fiorella, L., & Paas, F. (2021). Five strategies for optimizing instructional materials: Instructor- and learner-managed cognitive load. *Educational Psychology Review, 33*(4), 1379–1407. https://doi.org/10.1007/s10648-021-09606-9.

Cromley, J. G., Perez, T., & Bergey, B. W. (2017). *Workbooks for Instruction in Diagram Comprehension: High School Biology Part I*. https://hdl.handle.net/2142/97891. Zugegriffen: 1. Dez. 2022.

de Koning, B. B., Rop, G., & Paas, F. (2020). Learning from split-attention materials: Effects of teaching physical and mental learning strategies. *Contemporary Educational Psychology, 61,* 101873. https://doi.org/10.1016/j.cedpsych.2020.101873.

Delgado, P., Anmarkrud, Ø., Avila, V., Altamura, L., Chireac, S. M., Pérez, A., & Salmerón, L. (2022). Learning from text and video blogs: Comprehension effects on secondary school students. *Education and Information Technologies, 27*(4), 5249–5275. https://doi.org/10.1007/s10639-021-10819-2.

Delgado, P., & Salmerón, L. (2021). The inattentive on-screen reading: Reading medium affects attention and reading comprehension under time pressure. *Learning and Instruction, 71,* 101396. https://doi.org/10.1016/j.learninstruc.2020.101396.

Delgado, P., & Salmerón, L. (2022). Cognitive effort in text processing and reading comprehension in print and on tablet: An eye-tracking study. *Discourse Processes, 59*(4), 237–274. https://doi.org/10.1080/0163853X.2022.2030157.

Deutscher Wetterdienst (DWD). (o. J.). *Wetter und Klima— Deutscher Wetterdienst—Leistungen—Vieljährige Mittelwerte.* https://www.dwd.de/DE/leistungen/klimadatendeutschland/vielj_mittelwerte.html. Zugegriffen: 1. Dez. 2022.

Latini, N., & Bråten, I. (2022). Strategic text processing across mediums: A verbal protocol study. *Reading Research Quarterly, 57*(2), 493–514. https://doi.org/10.1002/rrq.418.

Mangen, A., Olivier, G., & Velay, J.-L. (2019). Comparing comprehension of a long text read in print book and on kindle: Where in the text and when in the story? *Frontiers in Psychology, 10,* 38. https://doi.org/10.3389/fpsyg.2019.00038.

Mayer, R. E. (2005). Cognitive theory of multimedia learning. In R. E. Mayer (Hrsg.), *The Cambridge handbook of multimedia learning* (S. 31–48). Cambridge University Press.

Nerdel, C., Nitz, S., & Prechtl, H. (2019). Kompetenzen beim Umgang mit Abbildungen und Diagrammen. In J. Groß, M. Hammann, P. Schmiemann, & J. Zabel (Hrsg.), *Biologiedidaktische Forschung: Erträge für die Praxis* (S. 147–165). Springer. https://doi.org/10.1007/978-3-662-58443-99.

Niegemann, H. M., Domagk, S., Hessel, S., & Hein, A. (Hrsg.). (2008). Lernen mit Medien. In *Kompendium multimediales Lernen* (S. 41–64). Springer. https://doi.org/10.1007/978-3-540-37226-4.

Pardi, G., von Hoyer, J., Holtz, P., & Kammerer, Y. (2020). The role of cognitive abilities and time spent on texts and videos in a multimodal searching as learning task. *Proceedings of the 2020 Conference on Human Information Interaction and Retrieval.* 378–382. https://doi.org/10.1145/3343413.3378001.

Scheiter, K., Richter, J., & Renkl, A. (2020). Multimediales Lernen: Lehren und Lernen mit Texten und Bildern. In H. Niegemann & A. Weinberger (Hrsg.), *Handbuch Bildungstechnologie* (S. 31–56). Springer. https://doi.org/10.1007/978-3-662-54368-9_4.

Schlag, S., & Ploetzner, R. (2011). Supporting learning from illustrated texts: Conceptualizing and evaluating a learning strategy. *Instructional Science, 39*(6), 921–937. https://doi.org/10.1007/s11251-010-9160-3.

Science of Reading: The Podcast by Amplify. (2021). *Science of Reading: The Podcast: S4–04: Learning to Read Digitally vs. In Print: Dr. Lauren Trakhman & Dr. Patricia Alexander* (Nr. 4). https://amplify.com/science-of-reading-the-podcast/. Zugegriffen: 1. Dez. 2022.

Singer Trakhman, L. M., Alexander, P. A., & Berkowitz, L. E. (2019). Effects of processing time on comprehension and calibration in print and digital mediums. *The Journal of Experimental Education, 87*(1), 101–115. https://doi.org/10.1080/00220973.2017.1411877.

Singh, A., & Alexander, P. A. (2022). Audiobooks, print, and comprehension: What we know and what we need to know. *Educational Psychology Review, 34*(2), 677–715. https://doi.org/10.1007/s10648-021-09653-2.

Schlusswort

Wir sind nun am Ende unserer Tour durch den Informationsdschungel angekommen. Ich hoffe, Sie haben viele Erkenntnisse und neues Wissen mitnehmen können. Es war mir eine Freude, Sie während der Tour begleiten zu dürfen.

Bitte haben Sie Verständnis dafür, dass wir auf der Tour nicht alle Fragen und Eventualitäten besprechen konnten. Nicht jedes Thema konnte ausführlich präsentiert und Ihre persönlichen Fragen beantwortet werden. Sehen Sie diese Tour vielmehr als Startpunkt, von dem aus Sie sich individuell weiterentwickeln können. Tauschen Sie sich über das Thema auch mit anderen Menschen aus verschiedenen Altersgruppen in Ihrem Umfeld aus. Dabei ist übrigens nicht gesagt, dass jüngere Menschen automatisch bessere Wege durch den Informationsdschungel kennen, nur weil sie in diesen hineingeboren wurden. Auch sie müssen die nötigen Kompetenzen erst aufbauen.

© Der/die Herausgeber bzw. der/die Autor(en), exklusiv lizenziert an Springer Fachmedien Wiesbaden GmbH, ein Teil von Springer Nature 2023
M. Schlag, *Wege durch den Informationsdschungel*,
https://doi.org/10.1007/978-3-658-40330-0

Beachten Sie bitte auch, dass der Informationsdschungel sich ständig verändert und weiter wächst. Daraus ergeben sich immer neue Herausforderungen für Sie. Informieren Sie sich auch nach unserer Tour beständig weiter zum Thema. Achten Sie auf neue Funktionen (z. B. in Suchmaschinen) und neue Geräte, um Informationen zu lesen und zu bearbeiten. Ich bin mir sicher, dass sowohl hilfreiche Neuerungen als auch Fallstricke hinzukommen werden. Soweit es Ihnen möglich ist, verfolgen Sie auch Forschungsergebnisse zum Thema (z. B. in den Medien), um sich auf dem aktuellen Stand zu halten.

Zuletzt möchte ich Sie bitten, sich selbst immer wieder kritisch unter die Lupe zu nehmen, wenn Sie nach Informationen suchen. Wie gehen Sie dabei vor? Wie genau prüfen Sie Informationen und deren Quellen? Welche Strategien nutzen Sie, um sich zu unterstützen? Von welchen Faktoren wird Ihre Informationsaufnahme und -verarbeitung beeinflusst? Diese Analyse ist vor allem dann hilfreich, wenn Sie feststecken, sich verlaufen haben oder nicht mehr weiter wissen.

Machen Sie es gut. Kommen Sie auch weiterhin unbeschadet durch den Informationsdschungel und finden Sie genau die Informationen, die Sie benötigen oder die Ihnen weiterhelfen.

Stichwortverzeichnis

A

Abbildung 147
Achsendiagramm 150
Arbeitsgedächtnis 14, 17, 87, 96, 144, 146, 152, 161
Arbeitsgedächtniskapazität 96
Arbeitsgedächtniskapazität 144
Arbeitsteilung
  kognitive 6
Audiobook 140
Aufmerksamkeit 13
Aufmerksamkeitsfokus 13
Aussagen
  widersprechende s. auch Widerspruch

B

Bedürfnis
  nach kognitiver Beanspruchung 124
  nach kognitiver Geschlossenheit 123
Belastung
  kognitive 152
Bildschirmgröße 39

C

Click Restraint 43
COR (Civic Online Reasoning) 42
COR s. COR (Civic Online Reasoning)
CRAAP-Test 54

D

Diagramm 147
Document Model Framework 61
Duale Kodierung 144

E

Easieness-Effekt 47
eBook Reader 139
Einstellung 126
Emotion 126, 127
epistemische Emotion 127
epistemische Überzeugung 117
Ergebnis
  wissenschaftliches 73
Erinnerungsfehler 18
Erwartung 120
Evaluation 45
exekutive Funktion 114
Expertise 93, 96
Eye-Tracking 65

F

Fähigkeit
  metakognitive 110
falsch zugeordnetes Zitat 51
Fehlvorstellung 89, 90
Funktion
  exekutive 114

G

Gedächtnis 12
Gewissenhaftigkeit 124
Grit 124

H

Hyperlink 78, 80

I

Impressum 52
Informationen 3
Informationsauswahl 38, 42
Informationsverarbeitung 12, 153
Inhibition 114
Integration 15, 57, 60, 61
Interesse 125
Internetsuche 32

K

Kanal 146
kognitive Arbeitsteilung 5, 120
kognitive Belastung 152
kognitive Landkarte 40
kognitive Theorie des multimedialen Lernens *143*
kognitive Überlastung 98
Kohärenz 19, 29, 59
  globale Kohärenz 19
  lokale Kohärenz 19
Kompetenz 6
Kompetenzen 7
Kompetenzüberzeugung 125
Kosten 121
Kurzzeitgedächtnis 14

L

Langzeitgedächtnis 15, 18, 87, 144

Lateral Reading 55
Lernen
　multimediales, kognitive
　　Theorie 143
　selbstreguliertes 130
Lernstrategie s. auch Strategie
Lesen am Bildschirm 136

Marshmallow-Experiment 115
Mehrspeichermodell 12
mentale Repräsentation 61
mentales Modell 21
Metakognition 108
　metakognitiv 39
metakognitive Fähigkeit 110
metakognitives Wissen 110
Mindmap 67, 88
Mindset 124
Motivation 120
Multimedia 143
Multitasking 14

Neugier s. auch epistemische Emotion
nicht herkömmliche Textsorte 80

Operator 36
Organisation 14

Podcast 141

Quellenangabe 50–52
Quellenmerkmal 46

Recherche 37
Rechtfertigung von Wissen 119
Register
　sensorisches 13
Repräsentationsebenen 20

Schlussfolgerung 19
Scrollen 40, 41
selbstreguliertes Lernen 130
　selbstregulatorische 39
Selektion s. auch Informationsauswahl 13
sensorischen Speicher 17
sensorisches Gedächtnis 144
sensorisches Register 13
Shifting 115
sinnverstehend lesen 19
Situationsmodell 21
SMART-Formel 35
Sprachassistent s. auch Suchmaschine
Strategie 22, 93, 99, 102, 105, 109, 112

fächerübergreifende 105
fachspezifische 105
Lesestrategie 23, 100
Makrostrategie 23
Mikrostrategie 22
Stroop-Test 116
Suchbegriff 41
Suchergebnis 38
Suchmaschine 32, 40–43, 53

Tab 44, 80
Tabelle 147
Tablet 139
Textbasis 21
Textintegration s. auch Integration
Textoberfläche 20
Textsorte
  nicht-herkömmliche 80
Think-Aloud 65
Top-Link-Heuristik 41
Treffer s. auch Trefferseite 44
Trefferseite 33, 41, 44, 53

Überlastung
  kognitive 98
Überraschung s. auch epistemische Emotion
Überzeugung
  epistemische 117
Ultrakurzzeitgedächtnis 13
Unterstreichen 69, 70

Updating 115
URL 44

Vergessen 15
Verwirrung s. auch epistemische Emotion
Video 159
  Lernvideo 160
Vorwissen 37, 38, 46, 87, 93, 94

Webforum 80
Webseite 52, 56
Werte 121, 126
widersprechende Aussagen 76
Widerspruch 76, 107
Wissen
  metakognitives 110
Wissenschaft s. auch wissenschaftliches Ergebnis 117
wissenschaftliche Ergebnisse 74
wissenschaftliches Ergebnis 73

Ziel 34, 35, 120
  Zielformulierung 36
Zuhören 25
Zuhörziel 26

GPSR Compliance
The European Union's (EU) General Product Safety Regulation (GPSR) is a set of rules that requires consumer products to be safe and our obligations to ensure this.

If you have any concerns about our products, you can contact us on

ProductSafety@springernature.com

In case Publisher is established outside the EU, the EU authorized representative is:

Springer Nature Customer Service Center GmbH
Europaplatz 3
69115 Heidelberg, Germany

www.ingramcontent.com/pod-product-compliance
Lightning Source LLC
LaVergne TN
LVHW020346260326
834688LV00045B/1568